suhrkamp taschenbuch 397

W0188117

Robert Minder, geboren am 23. August 1902 in Wasselonne / Elsaß gehört zu den großen Mittlern deutscher und französischer Literatur. Von Albert Schweitzer in Musik und Philosophie unterrichtet, gründete er schon 1923 als Student an der Ecole Normale Supérieure einen Verständigungsbund mit deutschen Schriftstellern. Seit 1936 Professor für Germanistik in Nancy, Grenoble (1940) und ab 1951 an der Sorbonne, ab 1957 am Collège de France, Paris. Wichtige Publikationen: *Tieck, un poète romantique allemand*, 1936; *Die religiöse Entwicklung von K. Ph. Moritz*, 1936 (neu erschienen 1973 unter dem Titel *Glaube, Skepsis und Rationalismus*); *Allemagne et les Allemands*, 1947; *Kultur und Literatur in Deutschland und Frankreich*, 1962; *Dichter in der Gesellschaft*, 1966; *Hölderlin unter den Deutschen*, 1968; *Wozu Literatur?*, 1971

In diesem Buch, einem der geistvollsten Beiträge zum Gespräch zwischen Frankreich und Deutschland, setzt sich Robert Minder unter steter vergleichender Bezugnahme auf die französische Literatur von seinem Standort als französischer Germanist aus mit der deutschen Literatur auseinander. Der ausführlichste dieser fünf streitbaren Essays behandelt das Problem der »Einbürgerung« des Dichters in Deutschland und Frankreich. Es folgen Aufsätze über das Bild des Pfarrhauses in der deutschen Literatur von Jean Paul bis Gottfried Benn, über das Kadettenhaus von Wildenbruch bis Rilke und Musil, Madame de Staël als Entdeckerin Deutschlands und »Schiller, Frankreich und die Schwabenväter«. Dieses Buch ist wichtig durch die Fülle des Wissens, den Reichtum an Perspektiven und die geschliffene Eleganz des Ausdrucks.

Peter Ludz schrieb bei Erscheinen der Erstausgabe 1962 an den Autor: »Das, was Sie schreiben, ist Literatursoziologie, die gleichermaßen künstlerisch und wissenschaftlich vorgeht, die den Gegenstand von der gleichsam nur abschmeckbaren Seite wie von seiner literarischen Form und sozialen Struktur anpackt. Diese hohe Bewußtheit, die doch nicht in einem ästhetisierenden Abrakadabra sich austobt, sondern in der eine dynamische Festigkeit herrscht: das ist das Großartige an diesen Analysen. ... Niemals könnte ich ... eine solche schwebend-metallische Leichtigkeit erlangen wie Sie in diesen Arbeiten.«

Robert Minder
Kultur und Literatur
in Deutschland und Frankreich

Fünf Essays

Suhrkamp

suhrkamp taschenbuch 397
Erste Auflage 1977
© Insel Verlag Frankfurt am Main 1962
Lizenzausgabe mit freundlicher Genehmigung des
Insel Verlags Frankfurt am Main
Alle Rechte vorbehalten, insbesondere das des
öffentlichen Vortrags, der Übertragung durch
Rundfunk oder Fernsehen und der Übersetzung,
auch einzeiner Teile
Druck: Nomos, Baden-Baden
Printed in Germany
Umschlag nach Entwürfen von Willy Fleckhaus
und Rolf Staudt

Inhalt

Deutsche und französische Literatur – inneres Reich und Einbürgerung des Dichters   7

Das Bild des Pfarrhauses in der deutschen Literatur von Jean Paul bis Gottfried Benn   46

Kadettenhaus, Gruppendynamik und Stilwandel von Wildenbruch bis Rilke und Musil   76

Madame de Staël entdeckt Deutschland   96

Schiller, Frankreich und die Schwabenväter   108

Nachwort   139

Zeittafel   141

Deutsche und französische Literatur – inneres Reich und Einbürgerung des Dichters

Der Grad der Einbürgerung des Dichters in die Nation ist sehr verschieden diesseits und jenseits des Rheins. Ein Werturteil ist mit dieser Feststellung nicht verbunden. Die besondere Problematik der beiden Literaturen dürfte aber in ihrem Licht schärfer zutage treten.

Wir beginnen mit etwas sehr Simplem: einer Lesebuchgeschichte. Die soziologische Funktion der Lesebücher ist eine doppelte. Sie spiegeln und sie prägen. In den Geschichten und Gedichten seines Lesebuchs findet das Kind Stimmungen, Gefühle, Erlebnisformen, Wertakzente wieder, die ihm schon von der Familie her vertraut und angewöhnt sind und die nun definitiv zu seinem Besitz werden, zum eisernen Bestand nicht nur seiner Literaturkenntnis, sondern seiner ganzen Art, die Welt zu erfahren. Dem Stilwandel einer Kulturepoche kann sich kein Volk entziehen – und doch bleibt jedes darüber hinaus spezifisch nationalen Erlebnis- und Bewertungskategorien verhaftet. Lesebücher liefern hierfür den schlüssigen Beweis.

Vor dem Ersten Weltkrieg wie nach dem Zweiten zielte bis gegen 1950/60 das deutsche Lesebuch fast durchgehend auf Pflege des Gemüts und der Weltanschauung; es will an Wurzelgründe des Daseins heranführen. Das französische Lesebuch vermittelt das literarisch-weltanschauliche Erlebnis im Rahmen einer konkret und präzis dargestellten Kulturgeschichte. Wann öffnet selbst der gebildete deutsche Durchschnittsleser je noch einen Band von Klopstock, Wieland, Herder, sogar von Lessing? Große Namen, vom Winde verweht, in der Weite verdämmernd: undenkbar, daß in Frankreich die ›Gemeinschaft‹ so ihre Klassiker vergäße. Schon die Schule sorgt dafür, daß das Kind eng vertraut wird mit den großen Texten, in strenger Zucht sich sprachlich an ihnen bildet und zugleich sehr früh einen Überblick über das Wirken der Schriftsteller in ihrer jeweiligen Epoche erhält, eine fundierte kulturell-soziale Standortbestimmung. Hier steht der Dichter in seiner Zeit und dort außer ihr.

›Friede auf Erden‹ heißt eine Lesebuchgeschichte von Adolf

Schmitthenner, einem schriftstellernden Pfarrer aus Heidelberg. Um 1900 verfaßt, hatte sie sich in fast alle deutsche Lesebücher weitervererbt – badische und rheinländische, hessische und niedersächsische. Schmitthenner erzählt, wie während des Dreißigjährigen Krieges in einem weltfernen Winkel eine alte Frau ans Sterben kommt und nun das Abendmahl verweigert, weil sie nicht mehr an Gott glauben will, solange der entsetzliche Krieg wütet. Vergebens sagt man ihr, der Friede sei geschlossen; die Alte bleibt halsstarrig: sie ist nicht umsonst eine westfälische Bäuerin. Da entschließt sich der Enkel, den gefahrvollen Weg in die ferne Stadt anzutreten, um welche die Friedensgerüchte kreisen; geht hin, kommt zurück, kann noch vor der Sterbenden, endlich mit Gott Versöhnten, sicheres Zeugnis vom Frieden ablegen; dann verblutet er an den Wunden, die ein Wolf auf dem Rückweg nahe beim Ziel ihm gerissen hat. Der Pfarrer segnet die beiden, und aus Erschütterung findet er die Stimme wieder, die er in einer Schreckensnacht verloren hatte. »Laut und vernehmlich klang es durch den Raum: ›Friede auf Erden‹.«

Eine solche Geschichte ist undenkbar in einem französischen Lesebuch – undenkbar jedenfalls als demonstrativ in den Vordergrund gerücktes Musterbeispiel. Nicht als ob das Thema der Treue, des Opfers, des wiedergefundenen Glaubens in den französischen Lesebüchern fehlte – es fehlt in keinem europäischen Lesebuch. Nur ist die Akzentverteilung, das ganze Verhalten der Personen im irdischen und seelischen Raum jeweils ein verschiedenes, weil eben die konkreten Gemeinschaften, deren Dasein, Leid und Glück solche Erzählungen zeigen und rühmen, selbst verschiedener Natur sind.

»Eine ausgesprochen deutsche Geschichte«, sagen höchst verwundert die Franzosen beim Anhören der Erzählung von Schmitthenner. Was ist deutsch daran? Zunächst einmal das, was die Brüder Grimm ihren eigenen Märchen als Ziel setzten: der »häuslich stille Gang der Geschichte« – jener stete Bezug aufs Hauswesen, in dem auch der Turnvater Jahn den Ausgangspunkt alles Volkstums sah: »denn immer geht vom Hauswesen jede wahre, beständige und echte Größe aus.« Als Gegenklang dazu Hölderlins Klage über »borniertе Häuslichkeit« – ein deutsches Grundübel. Draußen die wüste Welt, die unermeßlich weite wüste Welt, Wald mit Wölfen, und der Mensch darin preisgegeben reißenden Tieren in Menschengestalt. Hier der schützende Zirkel des Hauses, in der engen Heimat das noch engere Heim, die Urzelle der Gemeinschaft, ein ängstlich kleiner Kreis: dahinter aber sieghaft das innere Reich, dessen Glorie bisweilen überirdisch hereinbricht und von dem die Verheißung ergeht: »dies Reich muß Euch doch bleiben.«

›Die Gottesmauer‹: so hieß eine andere Lesebuchgeschichte aus früheren Zeiten, die Geschichte vom Mütterchen im Schwedenkrieg, das Gott durch eine Schneemauer vor den Feinden schützte, und wovon Schmitthenners Erzählung eigentlich nur eine Variante ist. Ähnliche Grundformen deutschen Erlebens schimmern durch Texte von Ernst Wiechert, Carossa, Ina Seidel hindurch. Dieser Archetyp soll zunächst im Umriß erfaßt werden.

Die Alte selber auf dem Sterbebett, mit den herben Zügen der Mutter Dürers oder auch mit den frühgealterten der Annette von Droste, der Dichterin aus Westfalen, für die selbst der Bodensee mit Nebel verhangen war, durch den sie – angeklammert ans Gesangbuch – nach Gott tastete. Handwerker ringsum, in niederen Hütten, aber von inneren Gesichten erleuchtet, wie einst Jakob Böhme, wie Gestalten Jean Pauls und Wilhelm Raabes oder wie der alte Weber bei Gerhart Hauptmann, diese eigentlichste und tiefste Figur des Deutschen bei ihm. Der Sohn, gehorsam bis in den Tod. Der Pfarrer schließlich im langen Zuge all jener Prediger, die von Luther bis heute Grundgestalten der deutschen Literatur geblieben sind.

Deutsch auch der Raum, in dem diese Personen stehen. Es ist ja immer wieder Dreißigjähriger Krieg in der deutschen Geschichte, und nicht nur für Grimmelshausen und seinen Simplicius, den Soldaten, der sich aus der wüsten Düsternis der Welt hinaufrettet in die Kapelle am Waldesrand, ganz versunken in seine Visionen vom Reich – und dies im Zeitalter des strahlenden, machtvoll ausgreifenden Sonnenkönigtums. Und in der Zeit der großen Revolution und der Napoleonischen Siege: Hölderlin, nach hoffnungsgeschwelltem Beginn in die Weite hinaus zu neuer hochgestimmter Gemeinschaft, heimkehrend in den Turm am Neckar, Einsiedel bei einem Handwerker, in Zwiesprache mit Gott. Und wiederum, zu Beginn unseres Jahrhunderts, auf buntem Nachen hineilend zu schöneren Inseln, ein Rudolf Alexander Schröder – auch er zurückgeworfen auf einsame Klippen, zurückgeführt in der Nacht zum Gotteswort.

Alle deutschen Dichter, Denker, Künstler der großen Zeit oder fast alle leben im Gedächtnis weiter auf dem gleichen sozialen und metaphysischen Hintergrund – im hegenden Umkreis niederer Stuben unmittelbar zum Volk hin, zur Natur, zu Gott – von Klopstock bis Lessing, Haydn bis Kant, Jean Paul bis Mörike. Und die Größten: Bach allein in seiner Kirche; Beethoven, eingemauert in seine Taubheit; Mozart, Schiller nachts in einer Grube beigesetzt. Goethe selbst im engen Weimar: 6000 Einwohner, und der Hirt treibt morgens und abends die Schafherden der Bürger durchs Tor – ein Landrat hat heute einen größeren Pflichtenkreis als der damalige Minister. Wie kleinbürgerlich der Rahmen auch dieses Dichterlebens – aber in welche Schächte des Bewußtseins stieg Goethe dabei hinab, welche Weiten des Geistes überflog er, ein großer Einsamer, gewappnet nach außen hin durch die Eiszone des Zeremoniells und nur dem Kundigen offenbar im Ausmaß seiner dämonisch umblitzten Ironie. Und doch war die ›Einbürgerung‹ des Künstlers ins Volk das Losungswort seiner ganzen Zeit, für Herder wie für Justus Möser, für Schiller wie für Wilhelm von Humboldt, für Fichte, Görres, Adam Müller, Schlegel, Hegel und wieviel andere. Damals, zwischen 1770 und 1820, kristallisierte sich jene Vorstellung von der ›Volksgemeinschaft‹ heraus, die bis heute ein Zentralbegriff deutschen Denkens geblieben ist, der Begriff eines organischen Ganzen, das in weitgespannter, exemplarisch kühner Synthese die Polaritäten zusammenzwingt. Was aber bedeutete – real gesehen – diese ›Gemeinschaft‹ zunächst anderes als den Kampf gegen die Welt draußen, bittere Notwehr nicht nur gegen den fremden französischen Kaiser im Land, sondern auch gegen die eigenen, dem Volk entfremdeten Fürsten – Rückzug also auf das Häusliche, auf den schlichten Wurzelgrund des Volkes und auf das, was es sichtbar-unsichtbar noch einte: die Sprache.

War schon bei Luther das Wort der wahre Zugang zum Reich gewesen, so wird nun beim Theologen Herder und noch schärfer beim Philosophen Fichte das Wort auch der

Weg zu jenem äußeren Reich, das sich eines Tages offenbaren wird im Pfingstwunder seiner Herrlichkeit »bis da, wo deutsche Zunge klingt und Gott im Himmel Lieder singt«.

Vom Volk zu Gott: bis heute hat der Begriff ›Gemeinschaft‹ in deutscher Sprache eine sakrale Würde beibehalten. ›Gemeinschaft‹ – das scheint von vornherein in Tiefen der Spekulation zu führen, zu den Müttern hinabzusteigen, wo ›Gesellschaft‹ nur an der Oberfläche der Soziologie bleibt. In Frankreich ist es umgekehrt: das Wort ›communauté‹ hat etwas Zerfließendes, irritierend Unbestimmtes an sich: welche ›communauté‹ ist denn gemeint? Eine soziale, eine religiöse, eine ›communauté des esprits‹? ›Bürger‹ wiederum erscheint als ein zu flacher, zu enger Begriff: man kann nicht den ›bourgeois‹ und den ›citoyen‹ gleichzeitig darin unterbringen – und um welchen von beiden geht es?

Die Verschiedenheit der Sprachen spiegelt die Verschiedenheit der Zustände wider, und sehr allgemein – zu allgemein – dürfte man vielleicht sagen: in Deutschland ist der Dichter, der Künstler in erster Linie Bürger einer anderen Welt; in Frankreich ist er in weit größerem Ausmaß ›citoyen‹, eingebürgert.

Das Phänomen der Einbürgerung ist schon sehr früh nachweisbar in der französischen Geistesgeschichte, im Mittelalter, in der Renaissance. Aber die eigentlichen, auch heute noch tragenden Fundamente wurden gelegt unter Richelieu und Ludwig XIV.

Um das Verdienst Richelieus zu würdigen, stelle man sich vor, Bismarck hätte – statt nur ein Leser von sehr relativer Kultur und ein Schriftsteller von urwüchsiger Begabung zu sein – das ins Werk gesetzt, was dem Freiherrn vom Stein (einem der tragischsten Eremiten der deutschen Geschichte) vorschwebte und was der französische Staatsmann schuf: eine zentrale geistige Institution, die ›Académie française‹. Neben sie trat etwas später, unter Ludwig XIV., jene andere: die ›Comédie française‹. Was auch sonst gegen den Sonnenkönig gesagt werden muß – und in den französischen Geschichtsbüchern gesagt wird – gegen seine greuelvollen Kriege und die unmenschliche Ausbürgerung der Hugenotten und Jansenisten: in der Literatur und Kunst fand, rief und bürgerte der Monarch die Besten ein. Mittel zu dieser Einbürgerung waren in erster Linie jene Institutionen, die Gemeinschaft bewirken und Tradition begründen: Académie française und Comédie française – das ›Nationaltheater‹, um das Lessing und Karl Philipp Moritz, Goethe, Schiller und die Romantiker vergebens gekämpft haben. Was seither an seinen Statuten geändert worden ist, geht im wesentlichen auf Napoleon 1. zurück, der sie zur eignen Ablenkung diktierte, während vier Tage lang um ihn Moskau niederbrannte. (Chateaubriand hat diese Form von Geisteskonzentration egoistisches Komödiantentum genannt, das sich über die Leiden und Leichen der anderen hinwegsetzt . . .)

Akademie und Nationaltheater – beide verspottet, bewundert, unverwüstlich. Gerade denjenigen, die der ›Académie française‹ nicht angehören (es sind führende Männer in jeder Generation darunter), verleiht ihr Draußenstehen die Würde des Symbols und gibt ihren Angriffen den nötigen Grad provokatorischer Schärfe. Meist sind es alte Löwen mit etwas defektem Gebiß, die berufen werden. Der Löwenhunger ist geblieben. In geradezu idealer Weise wurde hier vor mehr als dreihundert Jahren das Problem der Freizeitgestaltung für vorgerückte Jahrgänge gelöst, für die es immer noch etwas zu erhoffen, eine letzte Stufe zu erklimmen gibt und, ist sie erreicht, die Pranke spüren zu lassen beim Vergeben oder Verweigern von Plätzen. In der Akademie selber sitzen neben Dichtern – manchmal sogar großen Dichtern – Staatsmänner, Soldaten, Prälaten, Juristen, Mediziner, deren Wort erst von hier, dem gemeinsamen Raum aus, den höheren Rang und Schimmer erhält. Ihre Medizin, Theologie, Philosophie, Strategie und Staatskunst wird dadurch bestimmt nicht besser – verbessert wird auf jeden Fall das Ansehen der Literatur, bekräftigt der Respekt vor dem Dichter. ›Homme de lettres‹ ist in Frankreich ein Ehrentitel. In Deutschland bleibt das Wort ›Literat‹ suspekt. Dichter ehrt man dort mit dem Titel Professor. Ein Professor Cocteau oder Claudel sind unvorstellbar. Die Universität ist in Deutschland eingebürgert, wie Dichtung es niemals gewesen ist.

Die Funktion des Salons und die damit aufs engste verbundene Rolle der Frau in der französischen Entwicklung kann nicht genug betont werden. Aus dem Salon der Marquise de Rambouillet ist im siebzehnten Jahrhundert die ›Académie française‹ hervorgegangen. Die Salons des achtzehnten Jahrhunderts, wo eine freisinnige Aristokratie mit dem gebildeten Bürgertum auf der gleichen geistigen Ebene verkehrt, sind das Gegengewicht gegen die soziale Trennung der Kasten, die als immer archaischer empfunden wurde. Die Blaustrümpfe hat Molière in seinen ›Preziösen‹ und in der ›Schule der Frauen‹ mit gallischer Urwüchsigkeit verspottet. Sie heitern seit jeher die Schullektüre auf, zusammen mit dem ›Bürger als Edelmann‹, dem ›Gefoppten Liebhaber‹, dem ›Geizigen‹ und anderen stehenden Volkstypen. Zugleich aber wird das Kind in der Schule mit Madame de Sévigné vertraut. Ihre Briefe mögen es langweilen – jedenfalls weiß es von ihnen. Briefmarken frischen die Erinnerung auf, Reklamebildchen auf Schokolade versüßen sie. Ein ganzes Netz von Beziehungen ergibt sich, nicht nur in diesem einen Fall. Wer im deutschen Publikum – es seien denn Eliteleser – kennt wirklich Rahel, Caroline Schlegel, selbst Bettina? Die Liste ist rasch erschöpft, Annette von Droste-Hülshoff steht an ihrer Spitze. Daß diese größte Dichterin auch eine der einsamsten gewesen ist, braucht kaum wiederholt zu werden.

Ganz allgemein könnte man vielleicht so formulieren: Die Einbürgerung des Künstlers vollzog sich in Frankreich unter zwei Aspekten: er sagt aus, wie die Gemeinschaft ist; er ruft, wie sie sein soll. Es seien nur wenige Beispiele herausgegriffen, zunächst aus der Zeit Ludwigs XIV.: La Bruyère und Saint-Simon.

La Bruyère, Erzieher in adligem Hause, aber keineswegs der engbrüstige Hofmeister oder der geduckte Theologiekandidat wie im damaligen deutschen Leben, sondern der unerbittliche Entlarver der Mächtigen und ihres ganzen Machtapparates, in klassischen Texten, die ins Bewußtsein des Volkes gedrungen sind und in die schon der Junge auf der Schulbank eingeführt wird – so lebendiger Bildungsbesitz ist diese Klassik geblieben. Und neben dem scharf herausmeißelnden La Bruyère der shakespearehaft tiefe und wilde, alle Masken abreißende, auch die Sprache biegende und zwingende Herzog von Saint-Simon, der in den zwanzig Bänden seiner ›Memoiren‹ ein unerhörtes Bild seiner Zeit hinterließ – wo gäbe es ein ähnliches, in die letzten Tiefen leuchtendes Bild der deutschen Gesellschaft?

Deutschland bleibt in Saint-Simon (dem Herzog aus der Zeit Ludwigs XIV. und XV., nicht dem gräflichen Sozialreformer aus dem frühen neunzehnten Jahrhundert) ein europäischer Großmeister des literarischen Barocks zu entdecken, neben dessen Berichten die Briefe der Lisclottte von der Pfalz (eine der wenigen weithin bekannten deutschen Schriftstellerinnen) als spontan dahinpolterndes, wenn auch aufschlußreiches privates Geplauder aus derselben Epoche und demselben Versailles erscheinen.

Selbst der Einsamste tritt noch aus seiner Zelle, wo er um Gott rang: Pascal, glühend im Kampf gegen die Jesuiten für das verfolgte Port-Royal. Und hinter Pascal die Klöster, das große mystische Reservoir Frankreichs, das man nie über den Salons vergessen darf, so wie man über den Barrikaden nie das große Reservoir des stillen und tüchtig-tätigen Provinzbürgertums vergessen darf, das sich so wenig dem Ausländer öffnet, heute wie gestern.

Ein anderes Beispiel: Fénelon, der mit seinem Erziehungsroman ›Telemach‹, einem der meistgelesenen Bücher seines Jahrhunderts, noch sehr tief die ›Iphigenie‹ von Goethe beeinflußt hat. Fénelon war Quietist, Freund und Verteidiger der von Bossuet verfolgten Madame Guyon, die auch in Deutschland so stark und so lange auf die ›Stillen im Lande‹ gewirkt hat, darunter ausgesprochene Volksschriftsteller wie Jung-Stilling und Matthias Claudius. Aber auf welches Wirkungsfeld war dieser Mystiker gestellt, als Erzieher des Thronfolgers, den er bewußt zum Gegenbild Ludwigs XIV., zum wahrhaft christlichen Monarchen heranbildete! Der plötzliche Tod des Prinzen war nicht nur ein Schlag für Fénelon; er schnitt für ganz Frankreich eine Entwicklung ab, die das politische und soziale Leben wohl in andere Bahnen gelenkt hätte als die, in welche ein zerrüttetes Königtum es später hineintrieb.

Man kennt die Namen der Vorkämpfer für eine Erneuerung der Lebens- und Geistesformen im achtzehnten Jahrhundert, von Montesquieu bis zu den Enzyklopädisten und jenen zwei größten: Voltaire und Rousseau. Voltaire, der scharfe Sprecher des Bürgertums, lebt auch heute noch unvergessen im

Volk durch sein Eintreten für den schuldlos gemordeten Calas, dessen Rehabilitierung er den Richtern entriß: so groß war die Macht seines Wortes im sozialen Raum. Dann, aus dem Volk selber aufsteigend, für das Volk sprechend: Rousseau. Ein spezifisch deutsches Vorurteil besteht darin, Rousseau (dem zu Ehren doch der deutscheste aller Dichter, J. P. F. Richter, seinen Vornamen Johann in Jean abgeändert hat) mit der Revolution zu identifizieren und die Revolution mit der Guillotine – ganz ähnlich wie gewisse Kreise in Frankreich die Philosophie Kants auf das ›Preußische‹ und dieses ›Preußische‹ auf Feldwebel und Prügelstock reduzieren wollen. Die Guillotine war eine Phase. Was blieb, war etwas anderes: ein neues Gesetzbuch, der ›code civil‹ Napoleons, welcher das Bürgertum in seine politischen und sozialen Rechte einsetzte und die von der Revolution geschaffenen neuen Besitzverhältnisse bestätigte. Von hier aus darf man auch einen Seitenblick auf das elsässische Problem werfen, dessen Verständnis in Deutschland oft dadurch erschwert wurde, daß man nur das *eine* sah: Goethe und Herder, deutsche Volkslieder sammelnd aus dem zittrigen Munde alter Mütterchen, und dabei das andere vergaß, das wirkliche Volkslied, das hier die Männer mitriß, weil es über altem Schutt die Vision einer neuen Welt erstehen ließ, von der freilich wenig genug realisiert wurde: die Marseillaise.

Für Rousseau waren Natur- und Freiheitssinn untrennbar verbunden: der ›Bürger von Genf‹ und ›Sohn des Volkes‹ predigte dem hingerissenen Europa eine bessere Gemeinschaft mit der Menschheit und eine tiefere mit dem Kosmos. Ohne Rousseau kein ›Werther‹, ohne ihn kein Sturm und Drang. Er hat auch Frankreichs Dichtung aufgewühlt, französische Stürmer und Dränger auf den Plan gerufen. Man übersieht sie in Deutschland als solche, weil sie – auch in Frankreich – keine Etikette tragen. Und doch ist ihre Wirkung über den Rhein hinüber bis gegen 1800/1810 gewaltig gewesen. Neben die aristokratisch distanzierten, kühnen und doch klassisch kühlen Choderlos de Laclos und Marquis de Sade treten die Generationsgenossen Nicolas Restif de la Bretonne und Sébastien Mercier, breitspurig als Söhne des Volkes, mit scharf realistischen Sittenschilderungen der Hauptstadt und ihrer halben Million von Einwohnern. Maler Müller und H. L. Wagner wirken provinziell dagegen. Erst Klinger hat in seine Werke aus der russischen Zeit, wo er zum General und hohen Staatsbeamten aufgestiegen war, gesellschaftskritische Einsichten hineinverarbeitet – aber wer liest Klingers Werke noch? Restifs Gesamtwerk hingegen wird immer wieder neu aufgelegt. Aus Merciers Studien über Paris haben Balzac so gut wie Louis Aragon geschöpft, und sein merkwürdiges, bis zum Visionär-Apokalyptischen vordringendes ›Buch der Träume‹ ist eine Bibel der Surrealisten geworden.

Der französische Sturm und Drang entwickelt freilich kein geschlossenes ästhetisches Programm, und vor allem: er vertieft sich nicht, ignoriert die spekulative Stoßkraft des Theologen Herder, die menschliche Tiefe des unglücklichen, heimatlos zerrissenen Lenz, die lyrische Inbrunst des jungen Goethe, den dramatischen Impuls Schillers. Der sozialkritische Rousseauismus kennt eine Hochblüte in Frankreich; der literarische Rousseauismus verniedlicht und endet mit den Schäferspielen der Marie-Antoinette im Trianon. Als Rousseau 1778 stirbt – zwölf Jahre nach der Geburt von Madame de Staël –, liegt die Dichtung auf weite Strecken hin brach.

Wie sich bei den Stillen in der Provinz und in Paris, den Längstverschollenen oder Unbekannten über die Gesellschaftskonvention hinaus die seelische Erneuerung und damit Aufnahmefähigkeit für Dichtung vertieft hat, ist von André Monglond in den Analysen seines ›Préromantisme français‹ meisterhaft herausgearbeitet worden. Der Neubeginn wird weithin sichtbar mit dem Auftreten von Madame de Staël und Chateaubriand um 1800. Es braucht aber noch weitere zwanzig Jahre, bis die Sturzwelle der großen literarischen Genies einsetzt von Lamartine, Victor Hugo, Vigny, Musset bis zu Balzac, Stendhal, Nerval und Baudelaire hin. Die literarische Führung um die Jahrhundertwende lag bei England und mehr noch bei Deutschland. Was damals in den verschlafenen Residenzen und einsamen Pfarrhäusern heranreifte, ist jedoch undenkbar ohne den doppelten Impuls, der Deutschland dauernd von Westen her zuströmte und die Kräfte in Gärung erhielt: der Impuls der großen Staatsdenker von Montesquieu, Voltaire, Rosseau bis Diderot und den Enzyklopädisten; der Impuls der großen Staatsumwälzer von Mirabeau über Robespierre bis hin zu Napoleon. Während drüben das ungeheure Experiment sich abspielt und seine Metamorphosen die Welt ein Vierteljahrhundert lang in Atem hält, tasten hier die Dichter und Denker prüfend die Quadern ab, grübeln über die Bruchstellen und Einstürze, versuchen neue und bessere Fundamente zu legen.

Aber von welchem Publikum wurde diese Literatur getragen, von welchen Kräften gestützt und gefördert?

Es ist eine tragische Paradoxie, daß an der Nicht-Einbürgerung des deutschen Dichters der größte preußische König, Friedrich II., mit eine große Schuld trägt. Eine größere als Joseph II., dessen Wiener Reformbestrebungen durch die besondere römisch-habsburgische Konstellation von vornherein unüberwindliche Schranken gesetzt waren. Potsdam aber hätte ohne weiteres das deutsche Gegenstück zu Versailles werden können und müssen. Man stelle sich vor, welche Katastrophe es für die französische Literatur gewesen wäre, wenn Ludwig XIV. Racine, Lafontaine, Boileau, Molière abgewiesen, nur spanische Dichter um sich versammelt, spanisch als einzige Hochsprache anerkannt hätte! Friedrich hat bei Roßbach gesiegt, aber die literarische Schlacht für Deutschland verloren; verspielt und verscherzt hat er die unerhörte Gunst des Schicksals, zur selben Zeit gelebt zu haben wie die größten deutschen Dichter und Denker seit Jahrhunderten.

Irrtum oder Fälschung ist es, die französische Bildung, den französischen Geschmack des Königs allein dafür verantwortlich zu machen, Friedrich gewissermaßen als größtes Opfer der kulturellen Überfremdung seines Landes hinzustellen. Lessing, Klopstock, der junge Goethe, der junge Herder sind am preußischen Hof unvorstellbar, weniger weil sie deutsch sprachen, als weil sie die Sprache des neuen bürgerlichen Selbstbewußtseins sprachen. Die ganze Richtung paßte Friedrich nicht. Auch Voltaire mußte nach kurzer Zeit gehen. Was blieb, waren Hofdichter, Hofschranzen oft französischer Herkunft. Der aufgeklärte Despot im brandenburgisch-preußischen Kolonialstaat wollte die Bürgerlichen da einsetzen, wo es ihm paßte. Der Dritte Stand wurde scharf bei der Kandare gehalten. Dichter als Freigeist – ja; Dichter als Bürger – nein.

Wenige Jahre nach Friedrichs Tod sind Klopstock, der am Kopenhagener Hof, dann im Bürgerstaat Hamburg Aufnahme gefunden hatte, und Schiller, der aus Schwaben Ausgebürgerte, vom französischen Nationalkonvent mit dem Bürgerrecht beliehen worden, zusammen mit Washington, Kosziusko und sechzehn anderen Dichter-Denkern. Eine Geste zwar und zum Teil ein Mißverständnis – aber die Geste ist aufschlußreich. 1803 wird Klopstock (dessen ›Abels Tod‹ Bonaparte noch in Ägypten gelesen und kommentiert hatte) zum Mitglied einer der akademischen Sonderklassen des ›Institut de France‹ ernannt. Sein eigenes tiefsinniges Akademieprojekt – die ›Gelehrtenrepublik‹ – ist bis heute in Deutschland ein Kuriosum für Kenner geblieben.

An einem abseitigen Fürstenhof, in Weimar, haben sich die Klassiker ihr inneres Reich zurechtgezimmert – ein sehr prekäres und gefährdetes, allen Mißverständnissen und Annexionen ausgesetztes Reich, ein sehr einmaliger Bund zwischen Adel und Bürgertum, dem im wesentlichen mit Schillers Tod 1805 das Fundament entzogen wird. Nach Herders und Wielands Tod ist Goethe völlig isoliert, und gerade sein klassisches Werk den Zeitgenossen entfremdet, ja unverständlich. Wie anders hätte ein großes bürgerliches Nationaltheater im Hamburg des jungen Lessing, im Mannheim des jungen Schiller die Einbürgerung der deutschen Literatur vorangetrieben! Es ist nicht dazu gekommen, so wenig wie in Leipzig oder in Frankfurt – Frankfurt, das ähnliche Chancen verpaßt hat wie der preußische König, seine größten Söhne – Goethe, Klinger, Brentano – ihres Weges ziehen ließ und seine Gäste – den jungen Hegel, den jungen Hölderlin – keinen Augenblick zurückhielt. Anzuklagen wäre sinnlos. Klagen darf man über die Fülle der versäumten Möglichkeiten und sie zu verstehen suchen aus der grundverschiedenen sozialen, ökonomischen und politischen Struktur des Heiligen Römischen Reiches Deutscher Nation.

Durch die Rückkehr zur Natur und zum Gefühl in seiner Ursprünglichkeit war Deutschland seit Klopstock in der Literatur derselbe große Wurf gelungen wie zur gleichen Zeit in der Musik. Beide Male drängt ein neuer Stand – der bürgerliche – als geschlossene Gruppe ans Licht, ergreift das Wort, erhält die Stimme. Beide Male schließt sich der Bund zwischen den Söhnen des Volkes und dem Adel in seinen fortgeschrittenen

Vertretern. Den Wandel in diesem Abhängigkeitsverhältnis zeigt beispielhaft das gegensätzliche Verhalten Mozarts und Beethovens zu ihren aristokratischen Gönnern. Mozart war für seinen Salzburger Dienstherrn ein Domestik wie andere. Beethoven fühlte sich den österreichisch-ungarischen Magnaten gegenüber als Sohn des Volkes wie Bonaparte. Sein plebejisches Du-auf-Du irritierte Goethe, der als Nachkomme eines »Kaiserlichen Rates« ohne Amt in Frankfurt am Weimarer Hof eine Art von distanzierendem Patriziergefühl entwickelt und damit eine Mittellinie des Verhaltens vorgelebt hatte, die auch für die anderen, inzwischen geadelten Dichter der Klassik normativ wurde.

Es ist schwer, ja unmöglich, sich Goethe bis in sein Alter in Frankfurt und nur in Frankfurt vorzustellen. Die Rolle von Frankfurt wie von Leipzig, Hamburg und anderen Stadtstaaten (darunter außerdeutschen wie Zürich und Straßburg) als Sammelpunkten des geistigen Verkehrs und der Literatur war weitgehend zu Ende. Auch die kleinen Fürstenhöfe der Barockzeit treten zurück. Berlin bleibt vorläufig abseits. Wien und Weimar kristallisieren sich als Zentren der neuen Bewegung heraus. Der Bicephalismus, die Doppelpoligkeit des alten Reiches, macht sich verhängnisvoll bemerkbar in der Unabhängigkeit, in der beide Bewegungen sich voneinander entwickelt haben. Beziehungen zwischen der Weimarer Klassik und der Wiener Musik bestehen – aber man muß sie mit der Lupe herausstudieren. Und kein Wort steht bei den Schwaben Wieland oder Schiller über jene dritte, unerhört produktive und originale Kunsttätigkeit, die gerade auch in Oberschwaben und darüber hinaus im ganzen Donauraum auf dem Gebiet der Architektur und Plastik eingesetzt hat. Richard Benz, der große Essayist und Kulturhistoriker, hat immer wieder auf diese Zusammenhänge hingewiesen. Aber heute noch – dreißig Jahre nach der Wiederentdeckung des Barocks – hat das deutsche Kollektivbewußtsein kaum die Tatsache registriert, daß die Brüder Asam und Zimmermann Zeitgenossen von Bach und Händel gewesen sind.

Konfessionelle Aufspaltung, gekoppelt mit dynastischer Zerrissenheit, ist Ursache dieses in Frankreich unvorstellbaren Auseinanderfallens und Aneinandervorbeilebens. Am straffen französischen Zentralismus kann man die Schattenseiten der

Gleichschaltung studieren; in Deutschland die der übertriebenen Dezentralisation. Vergebens haben deutsche Dichter und Denker immer wieder versucht, dem Heiligen Römischen Reich Deutscher Nation seine geistige Hauptstadt zu geben. Von Wien, nicht von Weimar träumte der junge Wieland. Nach Wien hatten Leibniz, Klopstock, Lessing gestrebt. Der eiserne Vorhang der konfessionellen Unterschiede hinderte die Wiedervereinigung der seit Luther getrennten Glieder. Er hielt Österreich noch über ein halbes Jahrhundert hinaus von der literarischen Neublüte fern und schnitt Weimar als Hochburg des säkularisierten protestantischen Dichtens und Denkens weitgehend von den Überlieferungen des Barock- und Volkstheaters wie von der Entwicklung der neuen Musik ab. Erst die Generation Hofmannsthals hat gelernt, wenigstens nachträglich zusammen zu sehen, was sich faktisch hätte zusammen entwickeln sollen. Noch einem Stefan George bleibt Wien völlig fremd.

Man hat zu wenig beachtet, daß am Anfang der deutschen Klassik ein bestimmter Frauentyp steht: die gebildete, feinsinnige und sozial höher gestellte Frau, die den ungestüm Liebenden heranbildet und letzten Endes hoffähig macht. Wieland, der Pfarrerssohn aus Biberach, der langjährige Gast seiner bürgerlichen Gönner in Zürich und Bern, ist im Kreis des Grafen Stadion auf Schloß Warthausen durch Sophie Laroche ebenso ›erzogen‹ worden wie Goethe durch Charlotte von Stein, Schiller durch Charlotte von Kalb, Hölderin durch Susette Gontard. ›Diotima‹ war nicht griechischer als die Frauen, die Racine und die Klassiker von Versailles veredelt, verfeinert haben. Griechisch wirkte sie im Vergleich zu den kleinbürgerlich geduckten, pietistisch rigorosen Schwabenmüttern Hölderlins. Im luxuriösen Hause der Gontards atmete es sich freier, weil Kunst nicht als Sünde und Gefahr, sondern als lebensnotwendige Selbstverständlichkeit empfunden wurde.

Innerhalb des Adels selber gehört Anna-Amalia, die Regentin von Sachsen-Weimar, zur kleinen Schicht der emanzipierten Frauen, die bis heute im deutschen Bewußtsein eine so verschwindend geringe Rolle spielt. Man kennt Christine von Schweden, die Descartes zu sich berief. Wer spricht von der ›philosophischen‹ Königin Preußens, Sophie-Charlotte, die mit

Leibniz umging und die Gründung der preußischen Akademie durchsetzte? Archetypen sind nicht diese Frauen aus vorwiegend welfischem Geblüt geworden, sondern die biderbe Liselotte von der Pfalz und mehr noch die Königin Luise von Preußen, ein Muster häuslicher Tugenden. Daß Maria-Theresia bei aller generösen Mütterlichkeit genialere Züge aufweist, ist in die Kollektivvorstellung nicht eingegangen. Die Scheidewand der konfessionell-staatlichen Vorurteile hält hier immer noch dicht. Der Testwert solcher scheinbar belanglosen Beispiele ist unschätzbar. Deutschland hat mehr Frauen von geistigem Format, als es weiß. Der Soldatenkönig mit dem Knüppelstock prügelte sie immer wieder hinaus. Über das Verhängnis dieser harten Vater-Imago wird an anderer Stelle zu berichten sein.

Es setzt bei Anna-Amalia ein starkes Gefühl geistiger Unabhängigkeit voraus, als Witwe von dreiunddreißig Jahren den kaum viel älteren, als Freigeist diskreditierten, ja verfolgten Wieland zur Prinzenerziehung an ihren kleinen Hof berufen zu haben. Der bezaubernde Dichter des ›Oberon‹, des ›Wintermärchens‹ und so vieler Seiten leuchtender Meisterprosa ist inzwischen längst wieder aus der deutschen Literatur ausgebürgert worden, belastet mit einem nicht gutzumachenden Fluch: dem Fluch der Frivolität. Dabei hat Wielands humane Urbanität nicht nur die deutsche Sprache in ungeahnter Weise geschmeidigt, sondern das Zustandekommen des Weimarer Zirkels überhaupt erst ermöglicht. Ein Klopstock wäre nach dem Auftreten Goethes und seiner aggressiv-burschikosen Sturm-und-Drang-Gesellen empört abgereist. Wieland lächelte und blieb. Den Sturm und Drang liquidierte Goethe selber.

Hinter der deutschen Klassik steht ein soziales Phänomen. Der Adel wendet sich ab von den betont männlichen, derb trinkfesten Sitten, wie die Zimmersche Chronik oder die Geschichte Gottfriedens mit der eisernen Hand sie schildern (in Schweinsleder gebunden, gehörten sie noch zum festen Bestand der dunkelgebräunten Bibliotheksschränke der Herrenzimmer vor 1914). Verfeinerte Umgangssitten entwickeln sich unter dem Einfluß der Frauen in der zweiten Hälfte des achtzehnten Jahrhunderts – eine späte Parallele zum Übergang des französischen Adels vom wilden Fehde- und Frondewesen unter Ludwig XIII. zur Etikette von Versailles unter Lud-

wig XIV. Das Resultat war identisch: Abbau des Sturm und
Drangs im Leben und in der Literatur. Die üppige und zugleich ätzende, seltsam moderne Barocklyrik Frankreichs ist
diesem Säuberungsprozeß zum Opfer gefallen. Boileau schrieb
ihr das Todesurteil, wie Goethe das der deutschen Barock-
dichtung im berühmten siebenten Kapitel von ›Dichtung und
Wahrheit‹, das normativ geblieben ist bis zur Zeit nach dem
Ersten Weltkrieg, als eine bestimmte Form des Bürgertums
zusammenbrach und mit ihm seine Schule: das humanistische
Gymnasium.

Wilhelm von Humboldts Leistung ist es gewesen, in dieses
Gymnasium planmäßig die Klassik von Weimar als Krönung
der deutschen und europäischen Literatur eingebaut zu haben.
Schillers Dramen und Balladen, Goethes Gedichte, ›Hermann
und Dorothea‹, ›Iphigenie‹ und ›Tasso‹ samt ›Egmont‹ und
›Faust‹, Lessings ›Parabeln‹, ›Nathan‹ und ›Dramaturgie‹,
Wielands ›Abderiten‹, Herders und Winckelmanns große Betrachtungen, dazu die philosophischen Texte des deutschen
Idealismus und als Anhängsel ein paar romantische Gedichte
führten so ein privilegiertes Dasein, waren allgemein verbind-
lich.

Der erste grundlegende Unterschied zur französischen Klassik
ist die zeitlich sehr beschränkte Dauer des klassischen Weimar
und die damit verbundene geringe Zahl der eigentlichen Klassiker. Kein Vergleich mit der Fülle von Gestalten, die Frankreich in seiner Literatur mit Recht der klassischen Periode zu-
ordnet. Wenn heute wie vor hundert und vor zweihundert
Jahren Molière und Racine, Lafontaine und La Bruyère, Pascal und La Rochefoucauld unvermindert dasselbe Ansehen
genießen, auf dem Theater wie im Gerichtssaal, im Salon wie
in der Schule ihr Wort mitsprechen, so beruht das durchaus
nicht auf der in klassischen Konventionen erstarrten Lebensform Frankreichs, das von deutscher Dynamik her regeneriert
werden müßte – sondern im Gegenteil auf der ›volksnahen‹
Dynamik dieser Klassik selber. Man denke nur an die Fabeln
Lafontaines oder die Märchen Perraults, der hundertfünfzig
Jahre vor Grimm ›Aschenbrödel‹, ›Dornröschen‹, den ›Ge-
stiefelten Kater‹, ›Däumling‹ unters Volk gebracht hat – in
einer urbaneren Sprache allerdings als die Brüder Grimm, mit
mehr Ausblick auf die große Welt als auf den Wald und die

eng beschlossene Häuslichkeit (die auch bei Grimm mit germanischem Brauchtum sehr wenig zu tun hat, sehr viel hingegen mit dem gepflegten Bürgertum der Biedermeierzeit).

In dem Maße, als dieses Bürgertum sein noch zwischen 1815 und 1848 ausgeprägtes Selbstbewußtsein verlor, nach dem Zusammenbruch des Bürger- und Professorenparlaments die Einheit vor die Freiheit zu setzen begann und damit das halbfeudale System Bismarcks von vornherein mit in Kauf nahm, verwischten sich auch die Züge, die den anderen fundamentalen Unterschied der Weimarer Klassik zur Klassik von Versailles ausgemacht und ihr die eigentliche, moderne Stoßkraft verliehen hatten: die Integrierung des humanistisch-aufklärerischen Fortschrittgedankens, der dem achtzehnten Jahrhundert sein Signum gibt. Viel mehr als an Racines ›Iphigenie‹ knüpft die ›Iphigenie‹ Goethes an Fénelons tolerantes, offenes Christentum, an Shaftesburys Griechengedanken, an Rousseaus Menschheitsevangelium an. Diese ins Innerste führenden Beziehungen zu verwischen, zu verharmlosen oder zu leugnen, die Fäden zum bürgerlichen Freiheitsdenken des kosmopolitischen Jahrhunderts zu lösen, wurde schon um 1900 eine immer dringlicher betriebene Hauptaufgabe der Wissenschaft und der Schule, die die Französische Revolution und gar erst die marxistischen Gesellschaftsanalysen von vornherein als gröbsten Materialismus abtaten, die Würde des Sakralen hingegen den deutschen Dichtern und Denkern verliehen, die allein über alle trennende, lebenshemmende Vernunft hinaus zu den Urquellen des Seins vorgedrungen seien.

Das vor 1914 gültige Bild der Weimarer Klassik wurde immer weitergehend abgebaut. Mit den als höhere Hofbeamte eingestuften Goethe, Schiller, Herder konnte der pseudonietzscheanische Vitalismus auf die Dauer nichts anfangen. Deutscher Sturm und Drang und vor allem deutsche Romantik fingen sie auf, nahmen sie als ›deutsche Bewegung‹ in die Zange. Wieder wurde übersehen oder geleugnet, daß die Romantik in ihren Berliner Ursprüngen so gut wie in ihren rheinischen Varianten und der schwäbischen Parallelerscheinung Schelling-Hegel-Hölderlin aufs engste mit den fortschrittlichen Parolen des achtzehnten Jahrhunderts und der Französischen Revolution verknüpft ist.

Frauen stehen auch am Anfang der Romantik – diesmal

emanzipierte Frauen, unmittelbarste Produkte der Aufklärung in Deutschland: ›Jüdinnen‹ aus Berlin und ›Professorentöchter‹ aus Göttingen. Die Berliner Salons der Henriette Herz, Rahel Levin, Dorothea Mendelssohn gaben der frugalen Hauptstadt Preußens die ersten geistig-gesellschaftlichen Zirkulationsmöglichkeiten für Bürger, Adlige, französische Réfugiés. Das Ganze liberal getönt mit sehr viel konservativen Grundkräften, dabei offiziell kaum halbwegs anerkannt, immer wieder bedroht und im zwanzigsten Jahrhundert, als Berlin durch seine Akademien, Forschungsstätten, Theater, Zeitungen ein literarisch-künstlerischer Sammelpunkt und kritischer Regulator für ganz Deutschland geworden war, ausgelöscht durch das Dritte Reich.

Caroline Michaelis sei stellvertretend genannt unter den drei oder vier berühmten Göttinger Professorentöchtern, deren freies Auftreten mindestens ebensoviel Skandal erregte wie nach dem Zweiten Weltkrieg Simone de Beauvoir und die Existentialistinnen. Die Liebesaffären und Ehegeschichten der Caroline, ihr Verhältnis mit einem französischen Offizier im jakobinischen Mainz, das daraus entsprossene Kind (»die einzige Frucht der Revolution in Deutschland«, wurde gespottet), die Ehe mit dem einfühlsam-weichen August Wilhelm Schlegel, dem späteren Trabanten und Hausstück der Madame de Staël, das Hinüberwechseln der virilen Mutter zum Freund und dritten Gatten, Schelling, dessen Auftreten in Weimar sie »kühn wie das eines jungen französischen Generals« nannte – diese Sprengung der Konvention war nur möglich bei der gleichzeitigen politisch-sozialen Sprengung des alten Reiches und seiner dreihundert Klein- oder Zwergstaaten durch Napoleon und die provisorische Einführung der bürgerlichen Rechte selbst da, wo die Reaktion nach Friedrichs des Großen Tod besonders obskurantistisch gehaust hatte – in Preußen.

Ricarda Huch hat aus den Liebeswirren der Caroline Stoff zu einem energisch geformten, wenn auch niedersächsisch kühlen Lebensbild geholt; Ina Seidel Stoff zu einem betulichen Altweiberroman; Goethe zu den ›Wahlverwandtschaften‹, deren analytische Schärfe mit den ›Gefährlichen Liebschaften‹ des Choderlos des Laclos (1782) mehr gemeinsam hat als mit dem deutschen Bildungsroman, ja in vielem auf Henry Beyle vorausweist, der eben als napoleonischer Offizier im preußischen

Geburtsort Winckelmanns das Pseudonym fand, unter dem er weltberühmt werden sollte: Stendhal.

Nicht umsonst hat Goethe, der die ›nazarenische‹ wie die burschenschaftliche Entwicklung der Romantik so scharf ablehnte, sie als Beschränkung des Horizonts durch enge Kirchlichkeit oder engen Patriotismus verurteilte, sich den jungen Trägern der neuen französischen Literatur und Kunst mit größter Begierde zugewendet.

Die Faust-Übersetzung des achtzehnjährigen Gérard de Nerval war für ihn eine Offenbarung gewesen, und Geist von seinem Geiste spürte er auch in den dazugehörigen Illustrationen von Delacroix. Als dritter kongenialer Deuter des ›Faust‹ wäre Berlioz, der größte romantische Musiker Frankreichs, zu nennen: auch er für das deutsche Werk begeistert zu einer Zeit, wo der rauhbeinige Burschenschaftler Wolfgang Menzel ein Goethe-, Franzosen- und Judenfresser zugleich war – herrlich sollte eines Tages seine Blüte sein.

»Les Dieux s'en vont«, »Die Götter treten ab«, schreibt prophetisch nach Hegels und Goethes Tod einer der Führer der neuen Bewegung, der Dichter und Essayist Edgar Quinet. Die sogenannte ›deutsche Bewegung‹ ist nach rund sechzig Jahren um 1830 weithin zum Stillstand gekommen. Die ›französische Bewegung‹ – von Hugo, Balzac, Stendhal bis Baudelaire, Mallarmé, Verlaine, Rimbaud, Zola – löst sie für die nächste Zeitspanne im Weltbewußtsein ab, könnte man ebenso summarisch zu urteilen versucht sein. In Wahrheit zeigt sich auch hier ein stetes Hin und Her, eine dauernde innere Verflochtenheit der europäischen Literatur auf bürgerlicher Basis.

Vergebens hatte Napoleon versucht, die romantischen Impulse und Lektüren seiner Jugend zu vergessen, zu vertuschen (Korsika war dem Schottland Ossians näher als dem Versailles Ludwigs XIV.) und eine neo-klassische Empire-Literatur aufzubauen, wie er einen Empire-Adel mit strenger Etikette aufbaute. Literatur läßt sich nicht wie ein Heer aus dem Boden stampfen. Und das Heer des Kaisers war inzwischen zerschlagen, die Revolution gedrosselt worden. In Frankreich herrschten die Bourbonen, in Europa erteilte Metternich der Heiligen Allianz von Thron und Altar seinen Segen.

Aber die phantastischen Eroberungszüge durch einen Kontinent hindurch haben den klassischen Horizont von Versailles für immer gesprengt. Den Eroberungswillen der Väter tragen die jungen Dichter in die Literatur hinein. Zugleich erleben sie von innen her, was die Sieger sich einst nur obenhin in Bausch und Bogen angeeignet und alsbald wieder verloren hatten. Neben der Erinnerung an die Napoleonischen Feldzüge und ihren unerschöpflich neuen Vorstellungs- und Bilderkreis wirkt etwas anderes entscheidend mit: die Rolle der politischen Emigranten, die auf der Flucht vor den Jakobinern oder der Napoleonischen Diktatur Aufnahme in den fremden Ländern gefunden und diese in ihrem eigentümlichen Wesen zu ergründen versucht hatten: sei es der bretonische Graf Chateaubriand in den Hochebenen Schottlands oder den endlosen Savannen Nordamerikas (dem Hintergrund seiner epochemachenden Liebesgeschichte ›Atala‹); sei es Madame de Staël im verhockten, verwinkelten Deutschland mit seinen geheimnisvoll stillen Geistesbrunnen, in deren Tiefen sich der Himmel und die Sterne so rätselhaft und so vertraut widerspiegelten.

Schillers Dramen, Schillers Geschichts- und Menschheitsphilosophie sind nicht abzulösen vom Hintergrund der Französischen Revolution und dem Staatsdenken, das ihr vorausging. Aber auch die von innen und außen her erneuerte französische Literatur ist undenkbar ohne den Einfluß seiner genial aus der Antike, Shakespeare und der französischen Klassik herausdestillierten dramatischen Kunstform und der Ästhetik, die er darauf aufgebaut hatte. Eine besondere Studie dieses Buches ist diesen Beziehungen gewidmet, eine andere der Faszination, die selbst ein so weltverlorener Dichter wie Jean Paul in Frankreich um 1830 hat ausüben können – immer auf dem Weg über Madame de Staël.

Hier können nur die großen Linien der Entwicklung aufgezeigt werden. Die Dichter der jungen Generation integrierten die neue Wirklichkeit durch eine tiefgreifende künstlerische Transposition.

Die Welt des Dritten Standes, die sich durch die große Revolution und das Kaiserreich hindurch ihre Privilegien erkämpft und bei immer wechselnder Anpasung unter den wiedergekehrten Bourbonen wie später unter dem ›Bürgerkönig‹ Louis-Philippe siegreich behauptet hatte, wird als lebendiger Organismus in seinen geheimsten Verästelungen erforscht und dargestellt. Als erster ist Balzac zu nennen, visionär-mystisch im Innersten, wie es bezeichnenderweise gerade ein Deutscher, Ernst Robert Curtius, so großartig herausgearbeitet hat. Aber das Thema Balzacs ist ein sehr reales: Darstellung des Werdens einer neuen Gesellschaft auf Grund einer neuen Bodenverteilung. Welch tiefe Gesellschaftserkenntnisse aber auch bei einem Stendhal, dem großen Frondeur, oder bei dem scheinbar nur der Kunst lebenden Flaubert, aus dessen ›Education sentimentale‹ sich die ganze Soziologie der Verhältnisse von 1848 ablesen läßt, wie diejenige von 1830 aus dem ›Rouge et Noir‹ von Stendhal und selbst aus den ›Confession d'un enfant du siècle‹ des Lyrikers Alfred de Musset. Seine ›Bekenntnisse‹ schildern die geniale Jugend der Romantik, die – zur Napoleonischen Zeit zwischen zwei Feldzügen gezeugt – fiebernd und beengt unter der Reaktion daranging, ein Imperium des Wortes und der Gestalten zu errichten, wo das Reich der Väter an der Beresina, bei Leipzig und in Waterloo zusammengebrochen war.

Man sieht, unter wie ganz anderen politischen und sozialen Bedingungen die französische Romantik sich entwickelt hat als die deutsche: mit dem steten Blick auf ein reales Volk und eine realisierbare bessere Gesellschaft, nicht auf ein in fernster Vergangenheit oder utopischer Zukunft erschautes, erträumtes gemeinschaftsbildendes Volkstum, das schon beim Ex-Jakobiner Fichte auf dem Mythos der gottgegebenen Ursprache aufbaute.

Das Beispiel Victor Hugos, der – seinem berühmten Vers nach – geboren wurde, »als das Jahrhundert zwei Jahre zählte«, und 1885 in Paris gestorben ist, zeigt besonders deutlich, daß man die Romantik nicht im herkömmlichen Sinn auf Lamartine, Vigny, Musset und den frühen Hugo bis rund 1850 einschränken darf, sondern Balzac, Stendhal, Nerval, Michelet, in gewissem Sinne sogar Baudelaire mit einbeziehen muß – ganz abgesehen vom alten Hugo, der in seinem Exil einen erstaunlich produktiven Stilwandel zum Naturalismus wie zum Symbolismus moderner Prägung hin durchgemacht hatte. Aufs engste gehören zu dieser vielköpfigen Gruppe nicht nur die großen Maler, die in stets sich erneuernden Gruppen Frankreich zum ersten Male eine dominierende Stellung im Kunstleben der Welt sichern, und romantische Musiker wie

Berlioz und Chopin, sondern mehr noch die von genialen Intuitionen durchzuckten Sozialreformer: Graf Saint-Simon, Fourier, Proudhon und Auguste Comte. Keiner der führenden Dichter, der sich nicht auf seine Weise mit ihren Erkenntnissen und Spekulationen auseinandergesetzt hätte: Balzac als Monarchist, Lamartine als Girondist, andere wieder als mehr oder minder provisorische Revolutionäre – mit Rückentwicklung zu konservativeren Ansichten bei George Sand, mit Durchbruch zu radikalem Republikanismus bei Victor Hugo, seit er aus der Nähe die grausame Niederschlagung des Arbeiteraufstandes von 1848 und die Machtergreifung durch den düsteren Usurpator Napoleon III. miterlebt hatte.

Selbst in der Lyrik tritt das Soziale nie so in den Hintergrund wie bei Brentano, Eichendorff, Mörike, die wesentlich aus der Substanz des Kosmischen leben. Diese Wiederentdeckung des Kosmischen war den im strengeren Sinn ›romantischen‹ Lyrikern Frankreichs – Lamartine, Vigny, dem frühen Hugo und Musset – durch genuin romanische Mittel gelungen. Das neue Natur- und Geisteserlebnis, das ihnen erlaubte, mit der zur Konvention erstarrten, rationalistisch durchsetzten Gesellschaftslyrik zu brechen, bediente sich hoher Kunstmittel, wie das der Rhetorik, das durch eine echte Gefühlskultur von innen her erneuert worden war, dem Liebhaber der angelsächsischen und deutschen Lyrik aber immer irgendwie suspekt vorkam und vorkommt. Trotz seiner zeitweilig großen Wirkung nach außen – selbst nach Deutschland hin – ist das romantische Viergespann ein binnenfranzösisches Ereignis geblieben. Weltrang haben erst die vier anderen erreicht: Baudelaire, Verlaine, Mallarmé, Rimbaud.

Oswald Spengler hat sehr genau erkannt, was ihrer Dichtung den universalen Rang verleiht: die tiefe Übereinstimmung mit der Zeit, die Einschmelzung der modernen Diskrepanzen im Kunstwerk. Im Gedicht Verlaines ist das Rauschen der Großstadt vernehmbar, bei Baudelaire das Stöhnen über die unwürdige, knechtende Gemeinschaft, und bei Rimbaud lodert die Revolte. Ganz zu schweigen von Victor Hugo – nicht nur dem romantischen Rhetor, sondern mehr noch dem späten Hugo, mit seinen in Deutschland fast völlig unbekannten, bisweilen danteske Abgründe aufreißenden Visionen des ›Fin de Satan‹; vor allem aber mit seinem in Frankreich wie

in Amerika und in Rußland tief ins Volk gedrungenen Roman
›Les Misérables‹, der nur in Deutschland keine Resonanz gefunden hat: Mitleidsdichtung und soziale Anklage, Idylle und
Kampf in Paris und in der Provinz, durchweht vom großen
Atem des Dichters und Sehers, der in freiwilliger Verbannung
auf der englischen Insel Guernesey Napoleon III. die Stirn
bot, ein Fels des Widerstandes.

Betroffen sann Gerhart Hauptmann um 1936 (laut den Aufzeichnungen eines Besuchers) über das Vorbild Victor Hugos
nach – und schwieg dann weiter. ›Hanneles Himmelfahrt‹ hatte seit langem die ›Weber‹ abgelöst und das ›innere Reich‹ das
äußere. Die Insel Hiddensee besitzt ihre Bedeutung im Leben
und Dichten Hauptmanns; sie ist kein politisches Wahrzeichen,
kein staatsbürgerliches Symbol geworden wie Hugos Insel
Guernesey.

Und als nun wiederum – in der zweiten Hälfte des neunzehnten Jahrhunderts – neue, noch umwälzendere Struktur-
wandlungen in der Gesellschaft vor sich gehen und nach dem
Dritten Stand der Vierte ans Licht drängt, kommt Zola. Sein
Werk, nicht häufig zur echten dichterischen Substanz vor-
dringend, häufiger aber, als man es zugestehen will; und sein
persönlicher Einsatz jedenfalls bewundernswert: Jonas im
Bauche der Großstadt. Zolas Kampf für den unschuldig ver-
urteilten Hauptmann Dreyfus ist nur ein Glied in einer nie
abgerissenen Kette. Er weist zurück auf die großen Kämpfer
der früheren Generationen und weist voraus auf die heutigen,
auf Romain Rollands Einsatz für das gemordete Europa 1914,
auf Malraux, Aragon und Eluard, Sartre und Camus, Dichter
der Résistance und Gegner des grauenvoll inhumanen Alge-
rienkrieges. Immer wieder der Schriftsteller anerkannt als
Sprecher im sozialen Raum – und zwar nicht nur als Anwalt
der Revolution, sondern ebensooft als Verteidiger der tradi-
tionellen Werte. Man denke nochmals an Chateaubriand, der
in klassischen, jedem Gymnasiasten vertrauten Texten Abrechnung hielt mit dem Diktator Napoleon (Fichte und Arndt
haben ihn nicht schärfer beurteilt). Man denke an den orthodoxen Rechtskatholizismus der Bonald, de Maistre, Bourget,
Barrès oder an die für Frankreich noch aufschlußreichere Linie Lamennais–Péguy–Bernanos–François Mauriac, deren Ka-
tholizismus sich mit einem ebenso militanten Republikanis-

mus verbindet. Es gibt dafür kein ähnliches Beispiel in Deutschland, zumindest kein Gruppenbeispiel. Über individuelle Ansätze ist es selten hinausgekommen. In Österreich, Bayern und Westfalen war der Katholik traditionell gebunden. Im protestantischen Deutschland hatte er Mühe genug, sich geistig überhaupt erst durchzusetzen. Lamennais hat in Frankreich alsbald Schule gemacht. Görres kämpfte lange genug auf verlorenem Posten. Einige seiner Grundideen haben erst im zwanzigsten Jahrhundert, speziell nach der konfessionellen Umgruppierung Deutschlands, entschiedenere Resonanz gefunden. Dasselbe gilt von Eichendorffs kulturkritischen Schriften. Ein Péguy bleibt weiterhin undenkbar jenseits des Rheins. Diese Grundunterschiede kulturell-politischer Natur können bei einer deutsch-französischen Annäherung nicht genug beachtet und in Rechnung gestellt werden. Sie kreisen immer wieder um dasselbe Problem: die Einbürgerung des Dichters in die Gesellschaft.

›Weltfrömmigkeit‹ wird – mit unübersetzbarem Ausdruck – der Deutsche an Gerhart Hauptmann rühmen und seinerseits der französischen Literatur vorwerfen, sie sei zu stark auf das Verhalten des Menschen in der Gesellschaft gerichtet, ohne den letzten metaphysischen Bezug.

Werturteil steht gegen Werturteil. Ein Beispiel mag es erläutern: die Gegenüberstellung von George Sand und Annette von Droste-Hülshoff. Die ›Judenbuche‹ der Annette: eine der großartigsten Novellen des neunzehnten Jahrhunderts, düster verschattet, aber im Innern das leise stete Leuchten der Gerechtigkeit. Die Gedichte, von einer schürfenden Schärfe ohnegleichen in jener Zeit; und die ›Geistlichen Lieder‹ in ihren seelischen Nöten, ihrem Grundgefühl des In-die-Welt-Geworfenseins erst den Heutigen ganz verständlich. Einmal ergriff die Droste die Feder zu einem politischen Gedicht: einem Gedicht gegen George Sand und deren ›Emanzipationstollheit‹. Aber war der Kampf für die Emanzipation des Weibes trotz seiner Exzentrizitäten nicht ein nötiger Kampf, ein Akt der ›Einbürgerung‹ der schaffenden Frau, den das kommende Jahrhundert dann legitimierte? Die ideologischen Romane der George Sand – manche darunter zu schnell geschrieben und fahrig, andere von intensiver dichterischer Prägung – haben zu Unrecht nur noch einen kleinen elitären Kreis von Lesern.

Lebendig im Volk geblieben sind aber ihre anmutvollen Provinzromane, die sie als junge Großmutter für die Enkel schrieb: auch bei George Sand stand hinter Paris und den Barrikaden die Heimat mit den Gärten und Feldern und dem ruhig dahinwerkelnden Volk. Es ist anders als bei der Droste: nicht vorgetrieben ins Seherisch-Einsame, sondern aufgelockert, mitteilsam im Leben drin.

Mit den Vorstellungen eines Justus Möser ließ sich die Welt zurechtzimmern vom Adelssitz Rüschhausen aus oder von der Burg des Schwagers am Bodensee, wo die Droste ihre letzte Zuflucht fand. Im Paris des neunzehnten Jahrhunderts mit seiner zukunftsgeladenen, gegenwartsbeengten Industriegesellschaft, dem Zustrom immer neuer Arbeitermassen in die Elendsviertel und der brutalen Dynamik des vollerwachten Kapitalismus konnten solche auf rein agrarischen Voraussetzungen beruhende Prinzipien nur gespenstisch irrelevant erscheinen.

In Deutschland selbst wird der Graben immer breiter zwischen dem ersehnten Ideal des Volkstums, das auf ähnlichen agrarisch-korporativen Vorstellungen beruht, und dem wirklichen Reich, das in Kohle und Eisen seinen Nibelungenhort, das Instrument seiner Größe und seines Verhängnisses, gefunden hatte. Eine Revolution ohnegleichen – wo tritt sie in der Literatur ebenbürtig in Erscheinung?

Nicht das ist erstaunlich, daß in ›Wilhelm Meisters Wanderjahren‹ und in den ›Epigonen‹ Immermanns die Fabriken schon am Rande sich abzeichnen: erstaunlich, daß es dabei blieb, am Rande. Gewiß, es gab Spielhagen, vorher schon Gutzkow, später die Naturalisten – aber wer kennt noch ihre Werke, oder wer wird den zahlreichen deutschen ›Großstadtromanen‹ des zwanzigsten Jahrhunderts den Rang anweisen, der einem Balzac, einem Dickens und der imponierenden Gruppe der englischen und französischen Romanciers schlechthin zukommt? Auch die Russen gehören hierher. Die russische Gesellschaft lebt weiter in den großen Romanen von Gogol, Turgenjew, Tolstoj, Dostojewskij, um nur ein paar Namen zu nennen. Mit Gogol setzt die realistische Erzählkunst auf phantastisch-mystischem Hintergrund zu selben Zeit ein, als Büchner für Jahrzehnte aus der deutschen Literatur ausscheidet, vergessen wird, verschollen bleibt.

›Zeitung für Einsiedler‹ hatten schon die Heidelberger Romantiker ihr literarisches Organ genannt, und kurz zuvor Hölderlin seinen Roman: ›Hyperion oder Eremit in Griechenland‹. Die ganze Romantik eine Dachorganisation von Eremiten – auch und gerade nach 1815. Einsiedler werden vehementeste Künder des Volkstums: Arndt, Jahn, Freiherr vom Stein – sie alle zurückgesetzt, ins Private abgedrängt, verfolgt. Görres muß im französischen Straßburg Zuflucht suchen wie später Georg Büchner, dieser Volksmann einer neuen Generation, der Generation von Börne und Heine; und nach den Besiegten von 1830 die Besiegten von 1848 – Herwegh und Freiligrath, Uhland und Gervinus, Carl Schurz und wie viele andere.

Die wenigsten Deutschen ahnen, was alles an echten demokratischen Kräften hier vorhanden gewesen war und ausgeschieden wurde, in der Fremde auf verlorenem Posten focht und fiel, bisweilen auch aus Sehnsucht zurückkehrte und sich anpaßte, wie Freiligrath, der Hurrapatriot von 1870, oder – grimmiger und unversöhnter – Fritz Reuter, der zum Humoristen abgestempelte einstige Rebell.

Der verworrene Begriff des ›Volkstums‹, mit dem schon seit Ende des vorigen Jahrhunderts reflexartig die Vorstellung germanischer Ursippen verbunden war, hat auch in der Literaturgeschichte die betont eigenwüchsigen demokratischen Grundkräfte der Schweiz in Vergessenheit geraten lassen. Und doch haben im Rahmen ihres Landes Bodmer wie Breitinger, Pestalozzi wie Lavater, Gotthelf wie Keller eine literarische und staatsbürgerliche Aktivität entwickeln können, wie Uhland sie im Rahmen der alten schwäbischen Traditionen durchzusetzen vergeblich bemüht war. Als Bürger sind die Schweizer Schriftsteller, des eigenen Wertes bewußt, für eine Eidgenossenschaft eingetreten, wie sie sie verstanden – im Sinne Zwinglis, nicht Luthers.

Im lutherischen innern Reich sind angesiedelt jene großen Vertreter der Bürgerlichkeit des neunzehnten Jahrhunderts, deren Werke die Grundsubstanz der Lesebücher bleiben: von Mörike und der Droste bis zu Otto Ludwig, Gustav Freytag, Storm, Raabe.

Niemand hat besser und schöner über sie geurteilt als Hugo von Hofmannsthal: »Es ist unermeßbarer Reichtum geistiger und gemütlicher Beziehungen darin gegeben, wie die Figuren zueinander stehen: die Liebe ist überall darinnen, aber nicht allein die des Mannes zum Weib, des Jünglings zur Jungfrau, sondern auch des Freundes zum Freund, des Kindes zu Gott, auch des Einsamen zu einer Blume, zu einer Pflanze, zu einem Tier, zu einer Geige, zur Landschaft ... Über alles Wirkliche hinaus ein beständiges Einatmen des Jenseitigen, Verborgenen.«

Winckelmanns ›edle Einfalt und stille Größe‹ wird erneut lebendig – aber dies inmitten eines Werdens und Wachsens ohnegleichen draußen; eines unheimlichen Werdens, das sie nicht in ihre Heimlichkeit hereinlassen; es ist eine in sich beschlossene Welt, ein Gehäuse, unberührt vom Schlechten und darum reinigend. Aber das Draußen rächt sich. Um welchen Preis ist diese Reinheit erkauft! Die tiefe Zerrüttung Mörikes und Otto Ludwigs, die verhaltene Neurasthenie der Droste und Storms und selbst hinter Stifters Werk – von einer Fülle und Süße wie sonst nur das malerische Werk Ingres' in jener Zeit – das Rasiermesser, die durchschnittene Gurgel! Grillparzer herabgewürdigt zum armen Spielmann, der seine grandiosen Altersdramen menschenscheu in der Schublade verschließt: der Dank Habsburgs an die endlich wiedererstandene österreichische Literatur.

Raabes ›Schüdderump‹ immer wieder – auch bei Wilhelm Busch, dem unwirschen Einsiedler im kleinen niedersächsischen Dorf. Humor fürs Haus und Grübelei über letzte Fragen, ›Max und Moritz‹ und ›Schopenhaueriana‹: aber die eigentliche, mit den Händen zu greifende, immer dicker aufgetragene deutsche Realität ausgeklammert, im Gegensatz nicht nur zu Daumier, dem pathetischen Karikaturisten, der für das wirkliche ›Volk‹ eintrat, sondern auch zu Malern wie Delacroix, Courbet, Manet, für die ein neues Malen zugleich Forderung einer neuen sozialen Gemeinschaft bedeutete.

Nicht umsonst ist Marx und Engels die erste Fundamentalanalyse des modernen Gesellschaftsapparates von den industriellen Zentren ihrer Zeit her – Paris und London – gelungen. Inwiefern diese von hegelianischen Grundeinsichten durchleuchteten Darstellungen heute noch Geltung besitzen, ist eine andere Frage. Germanistik und Geschichtsschreibung haben offiziell bis 1945 und darüber hinaus kaum Notiz von

ihr genommen, Außenseiter wie Franz Mehring als Stiefel-
putzer des niedrigsten Materialismus verhöhnt und sich dabei
immer ungehemmter dem Mythos des Germanentums ver-
schrieben. Wo brachte ein Lesebuch Auszüge aus Friedrich
Engels' Darstellung der englischen ›slums‹ von 1840 – dieser
von pietistischer Ergriffenheit gespeisten, Abgründe der modernen Gesellschaft erhellenden Darstellung, die in jedem
andern Land klassisch geworden wäre. Nirgends aber fehlte
Immermanns Hofschulze mit seinen antiquiert agrarisch-pa-
triarchalischen Grundsätzen; Ludwig Richter und Matthias
Claudius waren nicht weit. Auch ihr sehr gemütvolles Lied ist
hinter dem Ofen zu singen. Hegel hatte eine andere Art, der
Welt und der Wahrheit in das furchtbare Antlitz zu blicken.

Heine ist Hegels Schüler gewesen. Das französische Eintre-
ten für Heine wird mangelndem Sprachgefühl und Mangel an
Tiefe zugeschrieben. Uns scheint hingegen typisch für die Brü-
chigkeit der literarischen Tradition in Deutschland, daß die
Kritiker nach allen möglichen Ahnen für Gottfried Benn fahn-
den konnten und einen wesentlichen dabei übersahen: Heine.
Seine Montagen, seine Stimmungsbrüche entspringen nicht der
Perversion, sie zeigen den Bruch in der falsch poetisierten
Wirklichkeit und versuchen das Neue kühn, wenn auch hybrid
und verfremdet in die Dichtung mit hereinzunehmen. Neben
der Ironie und Melancholie bei Heine immer wieder der Aufschwung, der Appell zur Aktion: Brecht neben Benn.

Zweifellos führt von dieser Lyrik ein Weg abwärts zu Geibel
und Hermann Löns. ›Du bist wie eine Blume‹ ist aber nicht
unerträglicher als das ›Lied an den Abendstern‹: es wendet
sich an die gleichen Konsumenten aus der Plüsch- und Häkel-
zeit. Die Tristan-Klänge so vieler anderer Strophen sind un-
überhörbar. Und mit Recht spricht Walter Höllerer vom ›me-
tallenen Schimmer‹ des ›Atta Troll‹. Im ›Wintermärchen‹ und
schon in den ersten Balladen (Belsazar, Die zwei Grenadiere)
haben wir es mit einer virilen Welt zu tun, wie bei Uhland und
Schiller. Marx hat die ›Schlesischen Weber‹ bewundert, und
Bismarck ›Bimini‹. Als den ›großen Entweiher‹ haben seine
Feindbrüder, Karl Kraus und Friedrich Gundolf, den Dichter
zu erledigen geglaubt. Aber nicht an ihm ist Deutschland zugrunde gegangen, sondern an jenen, denen Weihe verliehen
wurde, wo sie als Verbrecher hätten entlarvt werden müssen.

Wie Diderot, Voltaire und die Enzyklopädisten deckt Heine die falschen Karten auf und schlägt sie dem Spieler aus der Hand. Seine Prosa ist nur zum Teil Feuilletonismus, zum anderen das Bindeglied zwischen Lessing und Nietzsche. Wie bewußt auch seine berühmten, zuerst französisch erschienenen Studien über deutsche Literatur und Kultur als Richtigstellung der idealisierenden Interpretation der Madame de Staël angelegt seien: beide stammen aus dem freiheitlichen Geist des achtzehnten Jahrhunderts. Der Enthusiasmus für die große Dichtung ist geblieben. Nicht Dilthey, Heine hat zuerst die Vision von der ›Goethezeit‹ gestaltet. Zugleich marschiert das Industriezeitalter bei ihm herein. Die westdeutschen Lesebücher flüchteten vor ihm in die gefahrlos ›reine‹ Welt der Naturdichtung. Mörike war Trumpf, Gedichte von Rilke wurden scharenweise zusammengetrieben, selbst Liliencrons Musik kam wie einst; Heine wurde höchstens mit der ›Lorelei‹ zugelassen. ›Romanzero‹ und ›Wintermärchen‹: untragbar für Schule und Haus. Das Unrecht stinkt darin zum Himmel, eine Revolte droht, die nicht zum Morgenthau-Plan der Literatur paßt, wie die Mehrzahl der Lesebuchverfasser ihn verwirklicht hat: ein Stilleben von Riesenausmaß! Agrarliteratur im durchorganisierten Industriestaat! Was Engels über London, Heine über Paris, Marx über die moselländischen Bauern und Georg Weerth über die rheinische Industrie geschrieben haben, bleibt links liegen. Der Wiedervereinigung ist damit nicht eben vorgearbeitet. Inneres Reich und heiles Wort: das alte Lied. »Gelegt hat sich der starke Wind, und wieder stille wirds daheime; Germania, das große Kind, erfreut sich seiner Weihnachtsbäume. Wir treiben jetzt Familienglück, was höher lockt, das ist vom Übel ...«

Heine hat diese Verse um 1850 im Paris von Balzac und Daumier, Stendhal, Baudelaire und Courbet geschrieben; in der Stadt, in der nun auch das große Experiment einer neuen, der gewandelten Wirklichkeit entsprechenden Lyrik durchgeführt werden sollte.

An Baudelaire, Verlaine, Rimbaud, Mallarmé, nicht an Storm und Keller, so ehrenwert sie auch seien, haben sich die Begründer der neuen lyrischen Tradition in Deutschland entzündet: Stefan George und Hofmannsthal, Rilke und die Expressionisten. Die Franzosen ihrerseits sind undenkbar ohne die zwei Giganten, die als Gletscherwand hinter ihnen aufwachsen oder als Urquell unten rauschen: Nietzsche und Wagner. Sie erscheinen im Ausland als der wesentliche Beitrag des deutschen Geistes in der zweiten Jahrhunderthälfte.

In Deutschland hatten sich unterdessen Geibel und seine Genossen breitgemacht. Die geschniegelte Hofkunst des Münchener Kreises hat mit der Klassik von Weimar nur den Namen gemein. München wird seine Rolle in der modernen Literatur erst spielen, als um die Jahrhundertwende eine radikale Künstlerjugend die Führung an sich reißt. Das Dritte Reich und die Nachkriegszeit zerbrechen auch hier die kaum geschaffene Tradition.

Es ist, als wäre die gigantische Entwicklung zu rasch über Deutschland gekommen: wehrlos-ungerüstet trat man ihr entgegen. Wie konnte ein Balzac da aufstehen, wo kein Saint-Simon ihm vorgearbeitet hatte und mit Saint-Simon zusammen jene lange Reihe von schonungslos an die Wurzeln dringenden oder flammend anklagenden Sprechern einer wirklichen Gemeinschaft, eines lebendigen Organismus, der sich gerade in seinen revolutionären Erschütterungen bewährt, erprobt und erneuert hatte?

Es blieb in fast allen deutschen ›Großstadtromanen‹ bei einer mehr oder weniger flachen Bestandsaufnahme; selten gelang vom Realen her der Durchbruch in die ›dichterische Überrealität‹. Da, wo er sich vollzog – bei Alfred Döblin, Heinrich Mann und ganz wenigen anderen –, da entsetzte das Bild der Wirklichkeit; die Farben schienen zu grell, die Tonart zu schrill, das Ideal der ›Gemeinschaft‹ profaniert.

›Volkskunde‹: das hieß in Deutschland Studium weltfernen Brauchtums, abseitige Trachtenforschung, Aufstöbern verschollener Sagen. Man kann sich durch Kilometer von Zeitschriftenbänden durchlesen, die von ›deutscher Art‹ und ›deutscher Sitte‹ handeln: über den wirklichen deutschen Menschen in dem so rapid verstädterten, von der Industrie immer schärfer erfaßten und durchorganisierten wahren Deutschland wird man wenig genug erfahren, in der Wissenschaft sowohl wie in der Literatur. Gewiß war es leichter für einen Anatole France, seine bittere und tiefe Kritik an der französischen Gesellschaft um 1900 vorzunehmen: klassisch gefeilt seine Texte, selbst dem Gegner sich durch ihre Formvollendung aufzwingend –

aber wie viele Klassiker hatten ihm vorgearbeitet, in erster
Linie Voltaire, ein Meister im subtilsten Florettkampf. Fontane, der Hugenottensproß, hat als unübertroffener Causeur
wie überhaupt in seiner Urbanität vieles gemeinsam mit Anatole France. Aber wie anders doch der Hintergrund: häuslich-
schlichte Bodenständigkeit. Das Berlin, das er schildert, ist
noch ein Berlin mit vielen Gärten und Bäumen, kleinen Leu-
ten, Rentnern, bescheidenem Adel: ein Berlin vor der großen
Industrialisierung; Agrariertum der Mark. Ein solches Berlin
war in der Literatur tragbar: Fontane gehört mit zu jenen
Dichtern, welche in der Literaturgeschichte als ›poetische Rea-
listen‹ bezeichnet werden und welche die eigentlichen ›Klassiker‹ des deutschen Hauses geworden sind.

Bei den zwei Größten, Wagner und Nietzsche, ragt die Wirklichkeit zwar machtvoll herein – aber sie wird mythisch erlebt
und umgedeutet. Wagners Theater: kein Nationaltheater, das
den Bann und Fluch gelöst hätte, der auf den deutschen Dra-
matikern lastete, diesen Einsamsten unter den Einsamen –
Kleist und Büchner, Grabbe und Hebbel, Otto Ludwig, Grillparzer. Die Bayreuther Schöpfung ist wie Bismarcks Reich nur
auf den Einen zugeschnitten, tragbar nur für ihn, den Giganten. Und im Werk Wagners selber die zwei Pole: Wotan und
Hans Sachs; das Stüblein des Handwerkers mit dem alten
Justus-Möser-Ideal – und jenseits der Festwiese die wüste
Welt, der wilde Wald und darüber das Chaos des einstürzen-
den Götterhimmels. Das Brüchige, weil unvorbildlich Einsame, in gewissem Sinn Ausweglose in Wagners wie in Bismarcks Schöpfung, hat niemand schärfer erfaßt als Nietzsche.
Aber nicht der vorstoßende Sozialkritiker in ihm wurde erkannt und gepriesen, sondern der ruhelos umgetriebene Wanderer anderer Welten, ein schweifender Gott des Sturmes,
dessen siebente Einsamkeit als Größe erschien, nicht als Fluch,
wie tiefere Geister erkannten und aufzeigten, vorab Thomas
Mann im ›Doktor Faustus‹. Ist es ein Zufall, daß die Kritik
des ›Faustus‹ sich so eng mit jener berührt, die hundertfünfzig
Jahre früher Jean Paul im ›Titan‹ (einem der großen und
lange vergessenen Romane der deutschen Literatur) an der
›ästhetischen Erziehung‹ übte, wie die Weimarer Klassik und
die Jenenser Romantik sie programmatisch verkündeten?

Ein abermaliges und erschütterndes Beispiel deutschen Eremitentums: Jean Paul, der von Rousseau und Swift, den englischen und französischen Gesellschaftskritikern, Genährte, aus ärmstem Volk Emporgestiegene, durchschaut zwar und geißelt die soziale Beziehungslosigkeit des klassisch-romantischen Ideals, gerät dabei aber selbst in immer tiefere Einsamkeit und dämmert nach 1815 im weltverlorenen Bayreuth dahin, eingesponnen in sein großartig tiefes und tolles Werk. Auch hier tiefe innere Zerrüttung hinter der Wuzerei, eine Diskrepanz zwischen dem Draußen und einem Drinnen, das schließlich das Werk selber erstickt hat unter den Wucherungen seiner urwaldwilden Schlingpflanzen.

Das äußere Reich feiert unterdessen seine lautesten Triumphe, und der andere Meister von Bayreuth hat auf genialste, bewußt-unbewußte Weise dem kommenden Großreich im schwertschwingenden Siegfried seinen mythischen Heros gegeben, hinter dem nicht nur Iphigenie und Nathan, sondern Egmont und Tell in den Schatten treten. Selbst in Frankreich bezieht der Durchschnittsgebildete seine Vorstellung von deutscher Vorzeit, Mittelalter und Renaissance in erster Linie durch den ›Ring‹, ›Tannhäuser‹, ›Lohengrin‹ und die ›Meistersinger‹. Um wieviel mehr haben Wagners Helden in Deutschland das Germanentum in die Gemüter hineingesungen, hineinagiert, die Sippe greifbar hingestellt und Vorvätern Gegenwart verliehen, von denen Goethe, Schiller, Hölderlin nicht einmal im Traum etwas wußten.

Die Kenntnis der mittelalterlichen Literatur bei den Massen fällt demgegenüber kaum ins Gewicht: schwache Nachklänge von ›uns ist in alten Mären‹, vermischt mit dem feucht-fröhlichen ›Hildebrand und Hadubrand‹ von Scheffel und dem Minne-Tandaradei des Zupfgeigenhansels. Im Hintergrund Frau Uta vom Naumburger und der Reiter vom Bamberger Dom, als »deutscher Jüngling fromm und stark« durchdekliniert von ›Parsifal‹ und ›Simplicius‹ bis zu Dürers ›Ritter zwischen Tod und Teufel‹, der Gott fürchtet und sonst nichts auf der Welt. Die Franzosen haben ähnliche historische Reihenbilder und verwechseln sie ebenso bereitwillig mit der Sache selbst. Die Kettenreaktion in beiden Fällen ergibt explosiven Nationalismus.

Um dem Begriff des Ariertums die volle Resonanz zu geben, bedurfte es wiederum der europäischen Zusammenarbeit. Der

Franzose Gobineau, der Engländer Houston Stewart Chamberlain und der preußische Hugenottensproß Paul de Lagarde – alle drei schwer pathologische Naturen – haben entscheidend dabei mitgewirkt. Den ideologischen Bruch, der bei Wagner nach 1848 eingetreten ist, hat mit all seinen Folgen Hans Mayer eindringlich herausgearbeitet. Zugleich ist Wagners Werk etwas anderes, als was man aus ihm gemacht hat. Es läßt sich so wenig auf Wotan reduzieren wie Nietzsche auf die blonde Bestie. Geschichtsklitterungen, die mit solchen Vereinfachungen arbeiten, werden durch die Werke der großen Schöpfer selbst erledigt. Ihre Polyvalenz, Vielschichtigkeit, Vieldeutbarkeit erlaubt ihnen, in gewandelter Form weiterzuleben. Die gefährlichen Keime sind – provisorisch – aufgehoben im Gesamt einer höheren, reineren Idee.

Einen Pseudo-Wagner und Pseudo-Nietzsche hatte sich die Zeit des Dritten Reiches willkürlich aus Teilen des Werks zurechtgeschustert. Schriftsteller traten jetzt in den Vordergrund, die das Stille mit dem Dröhnenden, das Pfahlbürgertum mit einem mythischen Reich verknüpfen wollten auf Grund einer sakralen Vorstellung von Gemeinschaft, die jeden Zugang zur wirklichen Welt, zur Gesellschaft, wie sie ist, verbaute und auch da noch Vorbildlich-Heiliges sehen hieß, wo längst Kriminelles am Werk war: Herddämmerglück und Waberlohe. Als ob nicht die Entdeckung der ›Heimat‹, die dichterische Sichtbarmachung der verschiedenen Lande eines größeren Vaterlandes ein Phänomen des neunzehnten Jahrhunderts schlechthin gewesen wäre, in Frankreich so gut nachweisbar wie in England und sonstwo in Europa. Die Bretagne, erstmalig in Erscheinung getreten bei Chateaubriand, wird über Michelet und Renan bis zu Pierre Loti unverlierbarer Besitz, unauswechselbares Bild in der französischen Literatur. Nicht anders Südfrankreich, von Paul Arène bis Mistral und Alphonse Daudet und heute Jean Giono. Oder die Auvergne und die Vendée, Bourgogne und Berry; das Elsaß auch, für dessen literarische Erschließung in Frankreich die Volksromane von Erckmann-Chatrian genau dieselbe Rolle spielten wie für den Schwarzwald die ›Dorfgeschichten‹ von Berthold Auerbach.

Auch in Frankreich ertönte bisweilen der Ruf: »Zurück zum Alten, zum Herdfeuer, zum Volk, wie es war in früheren Zeiten!« Barrès, der Lothringer, und Maurras, der Südfranzose, entwickelten eine Doktrin der alleinseligmachenden ›Latinität‹, die an sturer nationaler Orthodoxie in nichts hinter der Lehre vom ›nordischen Menschen‹ zurücksteht. Mit dem Unterschied allerdings, daß selbst bei ihnen nie die Provinz so gegen Paris ausgespielt wird, wie es in Deutschland mit Berlin geschah. Auch hier sind in Frankreich die Grenzen viel weniger schroff gezogen, der soziale Raum weiter und verbindlicher, die Gemeinschaft enger geknüpft. Wieder sei als Beispiel eine Frau genannt: die Prosadichterin Colette, eine lebenstrotzende, den Blumen und Bäumen und Tieren der Bourgogne verhaftete Schriftstellerin, deren Stil das reiche, weite Blühen ihrer Heimat hat und die doch eine ebenso wurzelechte Pariserin geworden ist. Fast alle führenden Schriftsteller kamen aus der Provinz – auch Giraudoux, auch Valéry-Larbaud, oder haben Provinzielles in ihr Werk miteinbezogen – auch Gide, auch Proust. Paris bildet das natürliche Sammelbecken all dieser Energien; hier wird der einzelne weitergetragen, in einem schnelleren Rhythmus, der aber nicht wesensmäßig verschieden ist von dem der früheren Lebensform – so tief steht Paris selbst noch im Ländlichen und Volkhaften drin. Subjektiv kann sich der französische Dichter sehr einsam fühlen: man lese nur die Tagebücher von Romain Rolland oder auch Maurice Barrès. Aber objektiv und im ganzen gesehen sind sie doch ganz anders, als es in Deutschland der Fall ist, mit der Gemeinschaft der Nation verflochten, aus ihr heraus und auf sie einwirkend. – Berlin hingegen, kaum erblüht, wird schon verleumdet. Eben noch hatte Julius Hart die Fenster des einfahrenden Zuges niedergelassen: »Die Fenster auf, es kommt Berlin!«, und schon ertönt der Gegenruf: von Berlin nach Perlin, ins verwinkelte Nest, wo Leberecht Hühnchen aus dem Ei gekrochen war. Alles, was in dem mutigen und hellen Berlin an Tüchtigem, Tapferem, Geistesoffenem aufkam, oder was auch in Wien, München, Leipzig und in wieviel anderen Großstädten an Neubegründendem und noch heute Richtungsweisenden aufkeimte, erschien als verdammungswürdig auf Grund von Jörn Uhl und der Lüneburger Heide: ein Regenerationsprozeß vom total platten Lande her, für den ›Gemeinschaft‹ begründen zunächst einmal ab-, ein- und aussperren hieß. Ein Beispiel genügt, um den Erdrutsch der deutschen

Innerlichkeit sinnfällig zu machen – die chronologische Auf-
zählung der Buchtitel Max Jungnickels, eines belanglosen Autors, der hier nur als Typus fungiert: 1913: ›Sorge‹. 1916: ›Peter Himmelhoch‹. 1917: ›Jakob Heidebuckel‹. 1919: ›Der
Wolkenschulze‹. 1925: ›Michael Spinnler‹. 1929: ›Rutsch ins
Mauseloch‹ – und dann 1933: ›Goebbels‹. 1935: ›Junge lacht
ins Leben‹. 1938: ›Mythos des Soldaten‹. 1939: ›Kommando
der Erde‹. 1940: ›Fliegende Grenadiere‹.

Die Innerlichkeit, die sich hier ohne den leisesten Widerstand
einer massiv hereinmarschierenden Pseudo-Gemeinschaft aus-
liefert, ist selber eine kleinbürgerlich pervertierte Schrumpfform der Innerlichkeit gewesen, die nichts mehr zu tun hatte
mit der echten und strengen Versenkung ins Innere wie bei
Böhme und Novalis, Stifter und noch Mörike, dessen Geißblattlaube und Rechnungsbüchlein Arabesken am Rand sind:
dahinter stehen, wie bei Schiller und Hölderlin, die Bibel und
die Antike; an ihren Maßstäben wird der Mensch und wird die
Dichtung gemessen. Hier war Mörike engagiert, hier hat er
standgehalten und ein verschattetes, verkrümeltes Leben dafür
in Kauf genommen, das es ihm gelungen ist, in heroischer
Selbstanpassung den feinsten atmosphärischen und seelisch-
geistigen Regungen nachzuspüren, sie in Sprache umzusetzen
und sie dadurch der Gesellschaft zuzuführen.

Aber es ist nicht immer flaumleichte Zeit der dunklen Frühe
im Leben eines Volkes. In andern Stunden braucht es andere
Geister, unbequeme, unerbittliche – einen Lessing, einen
Schiller. Heine als Trommler ist unersetzlich. Seine totale Auslöschung fiel nicht umsonst zusammen mit der politischen Ent-
mündigung der Nation. Aus seinen Strophen ließ sich kein stiller Garten mit Ruhebank für sentimental gewordene Mörder
und ihre schwärmenden Gehilfen aufbauen als seelisches Alibi,
ehe sie weitermordeten, wie korsische Banditen, die sich be-
kreuzigen, ehe sie totschlagen.

Das Schrifttum als »geistigen Raum der Nation« hatte Hugo
von Hofmannsthal 1928 in seiner Rede vor den Münchener
Studenten als Wunschbild hingestellt. Es blieb ein Wunschbild.
Die gelebte und geahnte Wirklichkeit hatte den Dichter schon
längst in den Turm hineingetrieben, in dem er die völlige
Preisgabe des Einzelnen exemplarisch durchlitt und gesta!-
tete.

Man befrage in unseren Tagen führende Schriftsteller: die mangelnde Integrierung des Dichters in die Gesellschaft scheint ihnen ein deutsches Dauerverhängnis zu sein. Trotz aller Fördererpreise, Lehrstühle für Poetik, neugegründeter Akademien fehlt es bis heute an dem, was noch immer die elementarste Bekundung gemeinsamen literarischen Wollens und Vollbringung ist: ein literarisches Zentralblatt, wie Frankreich deren gleich drei, in weiteste Kreise hineindringende besitzt – von vielen kleinen Zeitschriften für esotorische Zirkel ganz abgesehen.

Ruf nach Gemeinschaft, Los der Einsamkeit: das scheint heute wie gestern das Schicksal des deutschen Dichters zu sein. Ist es aber nicht das Schicksal des Dichters in unserer Zeit schlechthin? Und hat nicht wegen seiner so bitter ausgekosteten und tief ausgeloteten Einsamkeit der deutsche Dichter etwas Besonderes zu bieten, eine Erfahrung mitzuteilen, einen Weg anzugeben? Denn die ganze Welt steht jetzt in einer Krise – nicht zuletzt Frankreich.

Das ungeheure Romanwerk von Marcel Proust, in seiner Substanz gespeist aus der jahrhundertealten Überlieferung von Saint-Simon, Madame de Sévigné, Balzac, schildert nicht nur das Dahinsterben des Verfassers: sein tieferes Thema ist der Tod einer Gesellschaft. Daß nach Proust, nach 1918, andere Schriftsteller von hohen, freilich nicht höchsten Graden – Roger Martin du Gard, Jules Romains, Georges Duhamel – weitausgreifende Gesellschaftsromane schreiben konnten, spricht nicht dagegen: was in ihrem Werk auf festen Quadern ruht, gehört der Zeit vor 1914 an.

Noch ehe der Zweite Weltkrieg ausbricht, ist eine wichtige literarische Rolle den Ausgestoßenen der Gesellschaft zugefallen: einem Céline, der in der Pariser Elendszone hauste und mit seinen ätzenden Armeleute-Visionen Sartre so tief beeinflußt hat; bald darauf einem wirklich Verfemten, der jahrelang im Gefängnis als Verbrecher gesessen hat: Jean Genêt.

Von draußen her rekrutiert sich ein Teil der neuen französischen Schule: Aus Rumänien ist Ionesco, aus Irland Beckett, aus russischer Familie Nathalie Sarraute gekommen. Die Vitalität eines Landes zeigt sich gerade darin, daß es die Kräfte assimiliert, einbürgert, die es herbeigerufen. Frankreich spricht schon heute durch sie zur verwandelten Welt. Kleist und Büchner zählen zu ihren Befruchtern und treten in eine Reihe mit Rilke und Kafka aus Prag, mit Trakl, Musil, Broch aus Wien. Der deutsche Bogen im engeren Sinn schwingt sich von Gottfried Benn zu Heidegger, von Thomas Mann zu Brecht. Einsamkeit ist das Zentralthema des ›Doktor Faustus‹ wie des ›Galilei‹, des ›Hamlet‹ von Döblin wie des ›Gustav Anias Horn‹ von Hans Henny Jahnn. Überblickt man die deutsche Literatur seit zwanzig Jahren, so zeigen sich überall Einsiedler, Einzelgänger, Waldgänger, Unbehauste, unter dem Druck der eigenen Herren in die Winkel gedrängt oder in die Welt zerstreut, wenn nicht abgeschlachtet; dann unter fremder Herrschaft in verschiedene Zonen eingepfercht, und als die Zonen fielen, noch immer geschieden in Dichter links und rechts von der Elbe, uneinig gerade in ihrer Auffassung vom wahren Wesen der Gemeinschaft, der Gesellschaft.

Die französische Literatur ist kaum je ähnlichen Belastungen ausgesetzt gewesen. Die Einheit des Landes ist von einer zielbewußten, zähen Monarchie früh durchgesetzt und von allen späteren Regierungsformen befestigt worden.

Die Freiheit mußte und muß auch in Frankreich immer wieder erkämpft werden. Die Grenzen der Literatur werden hier ganz besonders sichtbar. Chateaubriand, Lamartine, Victor Hugo haben als Minister den Lauf der Dinge nicht ändern können. Und Malraux bucht den Mißerfolg seiner politischen Aktivität in melancholisch-pathetischen Memoiren.

Schiller mit seinem Elan hätte sich 1789 in Frankreich zur Macht gedrängt. Er wäre wohl geköpft worden wie Chénier und Condorcet. Eher noch hätte ihn seine weltkluge Intuition auf den gleichen Weg geführt wie Madame de Staël und Chateaubriand – ins Exil.

François Mauriac und Satre, der Katholik und der Freidenker, haben die Greuel des Kolonialkrieges mit einer Zivilcourage bekämpft, die ihnen das Leben kosten konnte. Die Greuel haben sie nur sehr bedingt aus der Welt schaffen helfen, so wie die großen literarischen Vorkämpfer der Demokratie nur sehr bedingt die Anfälligkeit eines bestimmten französischen Bürgertums für den Cäsarismus. (Daß dieser Hang zur militärischen Glorie mit philiströser Knauserigkeit zusammengeht, ist eine jener paradoxen Mixturen, die sich im Leben eines Volkes bald heilsam neutralisieren, bald in ihrer explosiven Unvereinbarkeit die Katastrophe beschleunigen.)

Albert Schweitzer, dessen tiefsinnige, oft mißverstandene Ethik noch so unmittelbar beim großen Humanitätsdenken des achtzehnten Jahrhunderts ansetzt, stimmt mit Albert Camus spontan darin überein, daß der Sinn des Lebens unfaßbar sei und der tiefste Lebenswille uns doch dahin führe, um unser und der andern willen weiterzukämpfen für das Gute und das Rechte.

Gerade in den Zeiten der größten Bedrohung erweist sich, daß Kunst nie allein auf gesellschaftliche Elemente reduzierbar ist, daß sie ein Reservat an Autonomie, inneren Abwehrkräften und Ausbruchsmöglichkeiten besitzt, die sie plötzlich dem Zugriff des Äußeren entziehen. Die Gesellschaft, die sie anvisiert, ist letzten Endes die Menschheit. Traumverloren steht ein Gedicht da, selig in sich selbst, und hält vielleicht den letzten Zugang zum anderen offen. Und Romanfiguren von Dickens, von Balzac, von Tolstoj, Dramen von Schiller, Worte von Goethe werden Zeichen in der Nacht: kein Feind, ein Bruder ist da. Literatur kann vieles. Wie wenig sie kann, das dürfte man nie aus den Augen verlieren.

Der wildeste Nationalismus wurde in der Anfangsepoche des europäischen Marktes abgebaut. In jenen fetteren Jahren schien Gott nicht nur in Frankreich, sondern im ganzen Abendlande zu sein, wenn auch nicht ohne weiteres mit ihm.

Die unbewältigte Vergangenheit von ganz Europa ist die zweimalige, total unvernünftige, aber äußerst rationell organisierte Massenabschlachtung unter jeweiliger Berufung auf Evangelium, Humanität und schöne Literatur. Diese Explosion von Bestialität wird durch das gegenseitige Abnehmen von Paraden so wenig aus der Welt geschafft wie durch pseudodichterischen Aufputz oder weltanschauliche Unterbauung.

Die Zerstörung der Mitte ist nicht das Werk der Künstler. Die Sprache der Dichtung, Malerei, Musik wirkt bei einigen da am echtesten, wo sie ins Stammeln geraten ist – Klopfzeichen von Pionieren, die sich an die unvorstellbar gewordene, von den technischen Mitteln ins Planetarische erweiterte Welt der Zukunft herantasten.

Kontinente wie Asien treten jetzt erst in Sicht mit ihrer ungeheuren Vergangenheit. Es werden neue Räume der Literatur erschlossen werden müssen. Die Aufnahmefähigkeit des Einzelnen hat physische Grenzen. Statt um kleinere Posten zu streiten und unerfüllbar lange Rechnungen zu präsentieren, muß Europa seine literarische Erbschaft wieder als Ganzes in den Blick bekommen. Die Linien sind verschieden, aber sie laufen zusammen. Und Dichter als Weltbürger haben hier etwas Entscheidendes in die Waagschale zu werfen: das Bild einer besseren Gemeinschaft.

Das Bild des Pfarrhauses in der deutschen Literatur
von Jean Paul bis Gottfried Benn

Die Studie knüpft an eine Frage an, die Ernst Kretschmer im Gespräch einmal so formuliert hat: »Was entspricht in Frankreich dem deutschen Pfarrhaus als einer Urzelle des Geisteslebens?«

Die Antwort kann hier nur ganz summarisch am Schluß erfolgen und vielleicht Anlaß zu späteren Betrachtungen geben. Hier steht die Prämisse zur Diskussion: die Rolle des Pfarrhauses in der deutschen Kultur. So unbestritten sie auch ist – auch Gottfried Benn, der märkische Pfarrerssohn, rühmt die »unvergleichliche moralische und geistige Prägekraft des Pfarrhauses« durch die Jahrhunderte –, so wenig hat man bis jetzt etwas Wesentliches ins Auge gefaßt: das Bild, das die deutsche Dichtung davon bis zum Zweiten Weltkrieg gibt.

Literarische Analyse trifft sich hier mit der soziologischen – eine Mischung, die der französischen Forschung vor 1945 jedenfalls geläufiger war als der deutschen, wo Dichtung mit Vorliebe als reine ›Wacht am Sein‹ gedeutet und selten in ihren gesellschaftsbedingten und gesellschaftbestimmenden Funktionen untersucht wurde.

Wir beginnen mit der Zeit nach 1750 – der Zeit, wo der moderne Mensch in Deutschland erstmalig voll in Erscheinung tritt und wo auch die Literatur sich von der Theologie abzulösen beginnt.

Das Verhältnis der lutherischen Theologie zur Literatur ist komplex. Mit Luthers Bibelübersetzung war ein Vorhang weggezogen. Riesige Gestalten traten in die Hütten und niederen Stuben der Bauern und Handwerker ein – Propheten des Alten Testamentes, Apostel des Neuen. Von den eigenen Herren schärfer geschieden als anderswo, fand der gemeine Mann hier Zugang zu den Herren der Welt, sah die Großen erhöht, gerichtet und sich selbst gerechtfertigt, blickte ins Triebwerk der Geschichte und in den verborgenen Plan Gottes, kam und ging in diesem Reich als wie in seinem Haus, redete darin in seiner Sprache. Was war später selbst Shakespeares Welt gegen diese Welt in ihrer Fülle?

Es war aber eine geistliche Welt, streng verwaltet, politisch und sozial abgeschirmt. Das Recht der Herren wurde von den ›Schwarmgeistern‹ angetastet und bestritten, von der Kirche aber zusehends gestärkt, oft geradezu sakralisiert. Der Pfarrer deckte den Landesvater und mahnte das Volk: »Ihr Knechte, seid untertan mit aller Furcht den Herren, nicht allein den gütigen und gelinden, sondern auch den wunderlichen.« Die Auspowerung Deutschlands seit dem Dreißigjährigen Krieg, das Fehlen einer ›high church‹, welche wie in England die Söhne des Adels dem geistlichen Stand zugeführt hätte, der Triumph des Absolutismus in ganz Europa beschleunigten den Prozeß der Abhängigkeit. Demokratische Regungen wie in Württemberg sind die Ausnahme. Sie hängen eng mit den besonderen Besitzverhältnissen des dortigen Klerus zusammen und dem Druckmittel auf den Herzog, das man im Rahmen der landständischen Verfassung besaß. Die politische Opposition der Kirche ist seit 1848 stark in den Hintergrund getreten, ohne allerdings je so weitgehend wie anderswo abzudanken – der Widerstand des lutherischen Bischofs Theophil Wurm nach 1933 hat es bewiesen.

Um so ausgeprägter war in Württemberg die theologische Bevormundung von Kunst und Literatur bis tief ins achtzehnte Jahrhundert hinein.

Von Apologetik, Homiletik, theologischer Polemik wird in ganz Deutschland die schöne Literatur resorbiert. Ihr Niedergang ist nicht so eklatant wie der Zusammenbruch der schönen Künste. Verglichen mit den Leistungen der europäischen Literatur wird die Brache aber evident. Der Überfremdung der deutschen Sprache und Kultur durch die Adelsschicht entspricht das andere, oft unterschätzte Phänomen: die Überfremdung der Literatur durch die Theologie. Spärlich gedeiht das protestantische Schuldrama; nur der mächtige Strom der Kirchenlieder reißt nie ab. Was sonst an Großen entstand – vom ›Simplicius Simplicissimus‹ und den Barockromanen bis zu den Barockdramen –, läßt sich nicht aufs lutherische Pfarrhaus reduzieren. Selbst Gryphius und andere protestantische Dichter sind nur zu verstehen durch die Querverbindung zum holländisch-französischen Calvinismus, mit dem die jungen Kavaliere in Leyden und auf anderen Exil-Universitäten fast zwangsmäßig vertraut wurden, seit die Habsburger die Hochschulen Schlesiens der römisch-katholischen Kirche überantwortet hatten.

Das Neuerwachen der schönen Literatur im protestantischen Deutschland fällt zusammen mit dem Wiedereintritt der Geistlichen in sie. Herbert Schöffler, einer der wenigen Soziologen unter den Literaturforschern, hat das unter anderm sehr schön und genau am Beispiel der deutschsprachigen Schweiz aufgewiesen.

Der Zürcher Theologiestudent Bodmer springt um 1720 mit beiden Füßen frisch in die Dichtung hinein und beschwört eine Polemik um Milton im Rahmen brennender literarischer Tagesfragen herauf, wo seine Väter höchstens griechisch-römische Klassiker hatten gelten lassen und auch diese nicht unbesehen. Der Pfarrerssohn wird zum Literaten. Der neue Typ schießt allerorten üppig ins Kraut. Schulpforta liefert einen der ersten darunter: Klopstock. Das Tübinger Stift wird noch fruchtbarer sein durch die Zeiten. Ob Süd-, Nord- oder Mitteldeutschland, ob Wieland, Herder, Lessing: es wimmelt von Dichter-Theologen – großen, kleinen und noch kleineren. Auch von solchen, die danebengeraten, damit das Sprichwort recht behalte: »Pfarrerskinder und Müllers Vieh gedeihen selten oder nie.« Siehe Bürger, siehe Lenz. Daß auch die Pfarrerstöchter auf Abwege kommen, zeigt eben Bürger in der einst sehr populären Schauerballade ›Die Tochter des Pfarrers von Taubenhain‹, einer potenzierten Margarethe, die ihr Kind umbringt.

Andere machen den Schaden gut, steigen auf zu Generalsuperintendenten: Herder. Schiller darf nicht Pfarrer werden und verzweifelt darüber. Nicht umsonst tritt in seinem ersten Stück an entscheidender Stelle der Pastor Moser auf und bewirkt die Wandlung des Räubers. Selbst Goethe ist mit dem Pfarrhaus verknüpft. Durch ihn lebt Friederike Brion als Typ der ›guten‹ Pfarrerstochter weiter. Mit dem Blick auf Goldsmiths ›Landprediger von Wakefield‹ stilisiert, hat das Sesenheimer Idyll in ›Dichtung und Wahrheit‹ eines der archetypischen Bilder pfarrhäuslicher Geborgenheit gestiftet. Welches sind die andern?

Der Pfarrer fehlt sowenig wie sein weltlicher Herr, der Graf, in den Romanen und Sittengemälden, deren Flut gegen Ende des achtzehnten Jahrhunderts phantastisch ansteigt. Kaum etwas davon ist lebendig geblieben. Liebhaber genießen noch die Texte Schummels, des großen Thümmel, des größeren Hippel. Auch dem ›Sebaldus Nothanker‹ von Nicolai läßt sich Charme abgewinnen: die Kritik des Berliner Aufklärers am orthodoxen Pfarrhaus hat die trocken witzige Anschaulichkeit von Chodowieckis Kupfern. Doch liegt das alles abseits. Selbst wenn einmal Wilhelm Lehmann einen Spalt des Ladens öffnet und Kostbares aufglänzt in der Raritätenkammer – die Masse wird sich hier nicht einfinden. Es bleibt Treffpunkt der Unauffindbaren vom Dachboden.

Genaue Erhebungen könnten unsere Kenntnis um Einzelzüge bereichern und Verschollenes neu belichten. Ein jüngerer Germanist, Albrecht Schöne, hat erst vor kurzem auf diesem Gebiet wichtige Einsichten erarbeitet. Unser Ziel hier ist ein anderes. Es sollen im Überblick nur *die* Bilder aufgezeigt werden, die im Gesamtbewußtsein weitergewirkt und die Anschauung vom Pfarrhaus bestimmt haben.

Zwei Namen sind wesentlich für die zweite Hälfte des achtzehnten Jahrhunderts: Voß und Jean Paul.

Der ›Siebzigste Geburtstag‹ von Johann Heinrich Voß hat sich (zusammen mit der ›Luise‹) so lange lebendig erhalten wie das Lesebuch des humanistischen Gymnasiums – von der Humboldtzeit bis gegen 1918. Manche unter uns werden sich noch an ihre Deutsch- und Lateinlehrer erinnern, die ihrerseits die Brücke zu Gestalten aus Raabes ›Horacker‹ schlagen. »Saure Wochen, frohe Feste«, hieß die Moral. Tafelfreude am Familientisch wird auch in den Idyllen von Voß zelebriert.

Das Thema steht in alter, meist satirisch ausgemünzter Beziehung zum geistlichen Stand, der die irdische Speise neben der himmlischen nicht zu kurz kommen lassen will. Prassende Mönche waren für Rabelais und vor ihm für die ganze mittelalterliche Literatur ein dankbarer Vorwurf. Luthers ›Tischreden‹ bleiben auch für uns mit dem kräftigen Dreinhauen in saftige Bissen verknüpft. Noch aus der Zeit um 1928 erinnert sich H. E. Holthusen an die ›kurzen, heiteren Familienszenen‹, die sich in der Sakristei abspielten, wo seine Hildesheimer Pfarrersfamilie den Vater diskret zur Predigt beglückwünschte. »Das angenehme Bewußtsein erfüllter Pflicht vereinigte sich mit dem Vorgefühl von Zitronensuppe, gefüllten Rippen, scharfgewürztem Rotkohl und schwerer Bratensoße. Es war bourgeoise Frömmigkeit, ein starker Rest des neunzehnten Jahrhunderts; zu Hause standen dann die trägen, kuchenschweren Sonntagnachmittage bevor, das Schwüle und Eingesperrte einer von moralischen Tabus umzäunten Pubertät und die Üppigkeiten romantischer oder romantisch verstandener Klaviermusik.« (›Unwiederbringliche Stadt‹.)

Im achtzehnten Jahrhundert war das alles noch protestantisch nüchterner, in würdig dezenten und auch engeren Formen gehalten, wie eben bei Voß. Der metaphysische Hintergrund schimmert durch, wenn Hegel sich vieldeutig lächelnd und massiv zu einem Bankett in Jena mit den Worten niederläßt: »Es ist alles zum Verzehren da, wir wollen ihm sein Schicksal antun.«

In einem Familienschmaus gipfelt auch der ›Jubelsenior‹ von Jean Paul, und doch sind wir unvermerkt schon tief auf die Nachtseite des Lebens geraten. Bis zuletzt muß der siebzigjährige Pastor darum zittern, sein vielgeliebter Sohn erhalte die Berufung zum Pfarrer nicht, über die der gräfliche Herr ganz nach Willkür entscheiden kann. Und in der andern berühmten Pfarrhausidylle Jean Pauls, dem ›Quintus Fixlein‹, ist es nur einer Namensverwechslung zu verdanken, wenn der junge Kandidat bestallt wird und nicht der Koch Füchslein, dessen kulinarischen Künste der Graf über alle andern in den Himmel erhebt. Immer wieder schimmert durch das Lächeln Jean Pauls die Wehmut, brechen Angst, Entsetzen und wilde Bitterkeit daraus hervor. Das *eine* Erlebnis bei ihm ist die Brutwärme, die Nestbehaglichkeit, das ›geistige Nestmachen‹, wie er selber es nennt, der ›Haus- und Winkelsinn‹, jener Rückzug aufs Innerste und Heimlichste, wo man, selig vor der Welt bewahrt, mit der Nabelschnur des Universums verbunden bleibt. Das andere Erlebnis ist die Verstoßung, das Herausfallen aus dem Nest, das schreckhafte Aufwachen in einer versteinerten Welt, wo der tote Christus in den Ruinen einer Kirche toten Zuhörern predigt, daß Gott tot sei. Das gibt der Jean-Paulschen Pfarrhausidyllik den gewaltigen Zug, entrückt sie allem Herddämmerglück und Spitzwegscher Biederkeit, verleiht ihr die dunkeln Farben von Beethovens letzten Quartetten, Rembrandts Radierungen, Dostojewskijs Visionen.

Hier aber nur von metaphysischem Grundgefühl und existentieller Befindlichkeit zu sprechen, ist Verstümmelung des Wirklichen und Kastrierung Jean Pauls, der zum zahmen lahmen Johann Paul Friedrich Richter wird, wo doch dieser jüngere Bruder Rousseaus nicht nur Seufzer zum Himmel schickt, sondern flammend und scharf die Gesellschaft anklagt. Neben dem weltvergessen im Naturglück schwelgenden schwedischen Pfarrer steht der dauernd sich selbst betrügende, nach oben hin devote, nach unten brutale Feldprediger Schmezle – ein Typ des ›Untertans‹, wie schon vor ihm der ebenso phrasenreiche wie innerlich rohe Rektor Fälbe. Und im selben Maß, als der schlechtere Mann sich hinaufdienert, verkommen unten die Guten.

Wie man als Hungerpastor im Elend stirbt, das hat Jean Paul in seiner großartigen, von keinem Lesebuch abgedruckten autobiographischen Skizze niedergelegt, wo der heißgeliebte Vater zusehends zum ›Gesetzesprediger‹ versteinert und im Sohn den kindlichen Aufschwung, die künstlerischen Gaben niederzwingt, seit die Theologie und die Misere gnadenlos sein eigenstes Wesen – die Liebe zur Musik – verschüttet haben.

Der alte Jean Paul in Bayreuth ist nach den mißratenen Freiheitskriegen von 1813/14 so ausgehöhlt wie der Eremit von Croisset, Flaubert, nach dem gescheiterten Umsturz von 1848 und dem Triumph des neuen napoleonischen Cäsarismus.

Erst in dieser Sicht, die von Hofpredigern und Hofbeauftragten aller Grade immer wieder verstellt worden ist, wird der Blick frei für die lange Reihe der Opfer, die das harte lutherische Staatschristentum gefordert hat – von Sebastian Franck bis Jakob Böhme, von Gottfried Arnold bis Lessing und darüber hinaus. »Der frühe Untergang dieser lutherischen Linken«, schreibt Friedrich Heer in seiner ›Europäischen Geistesgeschichte‹, »verdrängt ihre Geistigkeit in den Untergrund, aus dem er alle geistigen Bewegungen bis zur Romantik nährt, verzerrt und mit den Stigmen des schiefen Blicks, der Neurose, der seelischen Preßlage zeichnet.« Mag diese Formulierung des katholischen Kulturhistorikers aus Wien zu scharf sein: als Korrektur des offiziell beglaubigten Bildes vom friedlich kulturspendenden Pfarrhaus hat sie Berechtigung.

›Anton Reiser‹ findet hier seinen Platz – der geniale autobiographische Roman von Karl Philipp Moritz, dem Intimus von Goethe in Rom, dem Lehrer Tiecks und Wackenroders in Berlin, der schon mit 37 Jahren an den Folgen entsetzlicher Jugendentbehrungen gestorben ist. Moritz war im dumpfen, welt- und kirchenfeindlichen Sektierertum norddeutscher Handwerkerkreise groß geworden. Als künftiger Pastor hofft der lebhafte, empfindliche Junge wieder Anschluß an die Gesellschaft zu finden. Das Pharisäertum der Theologiebeamten stößt auch ihn ab. Er träumt nun – als Zeitgenosse Wilhelm Meisters – von einer größeren Bühne: dem Theater. Doch nicht *vor* den Vorhang zu treten sollte sein Schicksal sein, sondern *hinter* ihn in die Kulissen zu schauen als einer der großen deutschen Seelenzergliederer, dem das Getto der protestantischen Sektierer den Blick geschärft hatte, wie später das jüdische Getto den Blick Freuds und Alfred Adlers. Das mystische Erbe ist bei Moritz nicht verloren, wenngleich es sich im Gegensatz zu Lavater – dem andern Psychologen pietistischer Herkunft – der frommen Einkleidung entledigt. Es lebt auf einer neuen Stufe weiter, schlägt durch in der seltsam erregenden Prosa-Rhapsodie von ›Andreas Hartknopf‹, der weltvergessen musizierend zwischen Schwärmern und Predigern seines Weges wandelt.

Genauso ertönt bei Lessing, dem Verfemten, in Wolfenbüttel Eingemauerten und Begrabenen, dem Freigeist, plötzlich die Sphärenmusik der Palingenesie, der Wiedergeburt und ewigen Wiederkehr – hundert Jahre vor Nietzsche. Das gehört wesenhaft mit zum Bild des deutschen Pfarrhauses – auch wenn es nicht eigentlich als Dichtung gestaltet, sondern unmittelbar durch die Biographie der Dichter in das Gesamtbewußtsein übergegangen ist und in ihrer Weltanschauung, ihren großartigen ›Denkbildern‹ seinen geistigen Niederschlag gefunden hat.

Unser engeres Feld ist damit aber verlassen. Wir dürfen nur mit einem Blick das unermeßlich weite und fruchtbare Gebiet streifen. Charles Andler, der Neubegründer der französischen Germanistik um die Jahrhundertwende, hat in einem Wort zusammengefaßt, was deutsche Literatur und Philosophie des achtzehnten Jahrhunderts dem Pfarrhaus verdanken, indem er sie ›une symphonie pastorale‹ nannte. Eine Symphonie, deren Spannweite von der hymnischen Inbrunst eines

Hamann über das moderato cantabile eines Jung-Stilling bis zum ironischen staccato des Pfarrerssohnes Lichtenberg reicht. Hölderlin muß hier genannt werden als Vertreter des emanzipierten Stiftlers, der in leidenschaftlichem Durchstoß zu Winckelmann und Heinse hellenischen Sinnenkult mit seinen pietistischen, denkschweren und bildfremden Ursprüngen zu vereinen gesucht hat – bald in visionärem Schwung, bald nur stammelnd, Pfarramt und Pfarrhaus dabei immer ängstlich von sich fernhaltend – zuletzt in Versen, die wie Bildchen des Zöllners Rousseau Strich um Strich hingesetzt sind – akkurat, einfältig, listig:

> Dort in der Kirch ist eine dunkle Stille,
> Und der Altar ist auch in dieser Nacht geringe,
> Noch sind darin einige schöne Dinge.
> Im Sommer aber singt auf Feldern manche Grille . . .

Während Hölderlin beim Tübinger Schreinermeister dahindämmert, beschwört Georg Büchner die Gestalt des Vorläufers Lenz herauf, läßt den Gejagten Einkehr in Oberlins Pfarrhaus halten. »Das heimliche Zimmer und die stillen Gesichter, die aus dem Schatten hervortraten: das helle Kindergesicht, auf dem alles Licht zu ruhen schien und das neugierig, vertraulich aufschaute, bis zur Mutter, die hinten im Schatten engelgleich stille saß . . .« Abermals und noch tiefer dann der Riß; alles leer, hohl, tot; Abgrund unter den Füßen. »Der Atheismus griff in ihn.«
Die Straßburger Pfarrerstochter, in deren stille sichere Liebe Büchner aus den Revolutionsstürmen sich gerettet hatte, vernichtet später als gottlos seine letzten Manuskripte. – Auch Mörike gehört hierher.
Unter dem Wust der verschnörkelten Zeichnungen, die er hinterlassen hat, befindet sich die eines großen Schlüsselloches, durch das man in das Innere einer Kirche blickt – von draußen. Und doch ist gerade Mörikes ›Turmhahn‹ das Gedicht über das deutsche Pfarrhaus schlechthin geworden, sein vielleicht einprägsamstes Bild im neunzehnten Jahrhundert.
Nochmals schlägt uns aus den zaubervollen Versen die Gemütswärme Jean Pauls entgegen, weht der Atem des Universums durch der stillen Stube Urväterhausrat: »Ah Sterne-

lüfteschwall wie rein / Mit Haufen dringet zu mir ein!« Das »Aufatmen zu Gott mitten in der Tätigkeit«, das schon der Diakonus Bengel, der große Schwabenvater, von sich auf einem pietistischen Merkzettel verlangt hatte, hier hätte er es mit Befriedigung wiedergefunden – aber dann doch die Stirn in immer strengere Falten gelegt vor der gemütsseligen Verspieltheit des Ganzen – genauso wie die schwäbischen Bauern den Pastor Mörike beim Konsistorium verklagten, weil er sich im Garten rekele und den Vikar zum Predigen schicke.

Als diskrete Rüge am ›Turmhahn‹ wirkt das große, schöne und viel weniger bekannte Gedicht der Droste: ›Des alten Pfarrers Woche‹. In seinem Ernst, seiner selbstlosen Hingabe ist dieser katholische Seelsorger, und nicht der Pfarrer des ›Turmhahns‹, die Entsprechung zu jenem echten lutherischen Geistlichen, den Johann Valentin Andreä, ein ›Schwaben-vater‹ aus dem siebzehnten Jahrhundert, im Gedicht gestaltet hat: »Der arme Pfarrer die schwere Karre zieht.«

Freilich trägt Mörike keine Schuld am Schindluder, das mit seinem Gedicht gerade auch in der Goebbelszeit getrieben wurde als einem Paradehahn deutscher Gemütsinnigkeit. Mö-rikes Biedermeiersofa steht Heines Matratzengruft und dem Diwan Oblomows näher als der Geißblattlaube im Schreber-gärtchen des Durchschnittsbürgers. Immer wieder mußte er in seinem früh verstörten Leben die innere Todesprobe beste-hen, angeklammert wie Jean Pauls Wuz und Fixlein an sein Kinderspielzeug, das immer zögernder als Lösegeld angenom-men wurde: mit vierzig Jahren zwangspensioniert, mit fünf-zig nur in seltenen Stunden noch produktiv. Ein ›Hunger-pastor‹ auch er – wenngleich Raabes Romangestalt an sich, als archetypisches Bild, das norddeutsch vergrübelte Gegen-stück zum süddeutsch behaglichen Turmhahnpfarrer bildet.

Raabes Hans Unwirsch wird aus der dunklen Schusterstube, wo der Vater über das innere Licht Böhmes sinnt, in eine Dorfpfarrei an der Ostsee verschlagen und hält es auch dort weiter mit den ›Stillen im Lande‹. Es ist zu simpel, mit Raabe – und zutiefst gegen ihn – den Pfarrer Unwirsch auszuspie-len gegen seinen einstigen Schulfreund, Moses Freuden-stein, den Händler – deutsche Tiefe gegen jüdische Gier. Zum eigentlichen Gegenspieler ist Raabe erst später vorgedrungen:

dem Landbriefträger Störzer im ›Stopfkuchen‹, dem braven Beamten und wackern Patrioten, von dem Schicht um Schicht abgedeckt wird, bis auf dem Grund der Mörder hervortritt. Welche Perspektiven, welch unheimliche und volle Wahrheit hätte *dieser* Partner der Lebensgeschichte des Hungerpastors gegeben!

In der dunklen Härte der Darstellung wird Raabe von einem Vorgänger übertroffen, dem mecklenburgischen Pfarrer Meinhold. Seine grandios düstere ›Bernsteinhexe‹ (1840), worin ein Pastor die eigene Tochter der Hexerei bezichtigt, ist aus derselben puritanischen Wurzel erwachsen wie der ›Scharlachbuchstabe‹ seines amerikanischen Zeitgenossen Hawthorne und wie noch die Gestalten Faulkners. Im Holstein des siebzehnten Jahrhunderts spielen Theodor Storms Pastoral-Novellen ›Aquis submersus‹ und ›Renate‹ mit ihren unbeugsamen Verfechtern der Orthodoxie, deren starre Gesetzlichkeit den Lebenswillen der jüngeren, freieren Generation zerbricht.

Ein Archetypus ist freilich auch hier nicht entstanden. Die Zeit verlangte ein gesittetes, menschenfreundliches Pfarrhaus. Haftengeblieben sind bis heute im Gedächtnis – als Archetypen minderer Art – ein paar gemäßigt realistische Erzählungen mit scharfen Einzelbeobachtungen.

Die ›Schwäbischen Pfarrhäuser‹ der Ottilie Wildermuth werden seit über einem Jahrhundert immer wieder aufgelegt. Manches davon hat – in Süddeutschland wenigstens – sprichwörtliche Geltung erreicht. »Ich esse nichts mehr, sagte die Frau Pfarrer, indem sie eilig die Platte hinaustragen ließ, der Papa mag nichts mehr, der Herr Vikar begehren nichts, das Hermännle braucht nichts, und die Köchin kriegt nichts.« Eine bestimmte, pfarrhäuslich württembergische Form der Kargheit ist damit schlagend charakterisiert.

Tiefer greift die Novelle ›Die beiden Tubus‹ von Hermann Kurz. Sie beginnt heiter und endet herb – wie es sich ziemt für einen Mann, der als Tübinger Stiftler auf die Stubentür mit Kreide geschrieben hatte: »Hier lasset alle Hoffnung fahren«, und der als enttäuschter und bestrafter Revoluzzer von 1848 das gleiche Motto auf den Eingang zur Bibliothek hätte setzen können, die ihm nach den Gefängnisjahren Unter-

schlupf bot. Die zwei Pfarrer seiner Erzählung schließen brief-
lich Seelenfreundschaft auf Grund der gemeinsamen Passion
fürs Fernrohr, das sie der Enge entrückt. Gleich beim ersten
Bekanntwerden geraten sie aber unversöhnbar hart aneinan-
der: der Metternichianer gegen den Liberalen, der Zelot gegen den Toleranten. Der ideologische Gegensatz wird psycho-
somatisch unterbaut: der Magere steht gegen den Dicken.
Sollte die spätere, weltberühmte Konstitutionslehre des
schwäbischen Pfarrerssohn und Enkels Ernst Kretschmer ihren
binnenschwäbischen Ausgangspunkt nicht in der Pfarrhaus-
geschichte von Hermann Kurz haben?

Schreiblustige Konsistorialräte – Karl Gerok in seinen
›Palmblättern‹, Emil Frommel in seinen Erzählungen – ver-
biedern in der Mitte des Jahrhunderts Luther zum Familien-
vater mit Ehegespons, Hausgesinde und lieb Hänschen, dem
er Trommeln, Pauken und silberne Nüsse verspricht in der
Stimmung: es weihnachtet sehr. Das alles zugleich simpel und
ehrenfest, karg, aber ansprechend in seiner Schlichtheit, Ausdruck des soliden alten Deutschlands. Ranke, selber einst
Theologiestudent, bekräftigt die Vorstellung vom Pfarrhaus
als Hort der Frömmigkeit, der Sitte und des verantwortungs-
bewußten freien Denkens, das in entsagungsvoller Arbeit die
Dinge so sehen lehrt, wie sie sind. Die Leistung der textkriti-
schen theologischen Schule liegt auf derselben Linie. Ferdinand Christian Baur, das Haupt der Tübinger, kann stellvertretend zitiert werden. Auf begrenzterem Feld als Lessing,
ohne seine weitausgreifende und zugleich abrupte, polemische
Genialität, wird doch von ihm und seinesgleichen die reli-
gionsgeschichtliche Forschung vorangetrieben. Sachlichkeit,
und Werktreue gelten als Haupttugenden des deutschen Wis-
senschaftlers, Tüchtigkeit und Strenge als Kennzeichen des
Beamten. Beide in enger Beziehung zum Pfarrhaus, mit dem
lutherischen Katechismus als dem unerschütterlichen Grund-
pfeiler. Der Schlesier Gustav Freytag spielt in seinen ›Bildern
aus der deutschen Vergangenheit‹ (deren Archetypen bis
heute nachwirken) protestantisch-preußisches Pflichtgefühl gegen österreichisch-katholische Schlamperei aus.

Viel nuancierter, treffsicherer und in genialer Raffung hat
ein anderer Dichter längst vor Freytag die eminente Rolle
Luthers und des lutherischen Pfarrhauses im deutschen Le-

ben und Denken deutlich gemacht: Heine in seinen großen
kulturhistorischen Studien, die – bewundert, geschmäht und
immer noch verkannt – ein Reservoir von Bildern für das
Kollektivbewußtsein geblieben sind, angefangen mit dem Begriff ›Goethezeit‹, der zum erstenmal hier klar in Sicht trat.
Gerade dem französischen Publikum gegenüber hat Heine es
als wesentlich empfunden, auf Luther als den Befreier des
Wortes und des Geistes hinzuweisen, dessen revolutionäre
Impulse vom Pfarrhaus periodisch in immer neuen Wandlungen weitergegeben werden, zuletzt in der Philosophie des
deutschen Idealismus. Nietzche ist in diesen glühenden, sprü-
henden und tiefen Seiten vorweggenommen: Nietzsche, der
ohne das Pfarrhaus nicht zu denken ist, wenn auch seine er-
barmungslos bohrende Leidenschaft ihn dann weit darüber
hinausgerissen hat in die Katarakte des Abenteuers, wie van
Gogh, den Pfarrerssohn aus Holland. Seiner fundamentalen
Kritik gegenüber wirken Heines Angriffe auf Konsistorialräte und Hofprediger nur wie Seitenhiebe. Auch die jung-
deutsche Rebellion bleibt am Rande. Nietzsche, nicht Gutzkow hat das deutsche Gegenstück zum ›Tartuffe‹ geschrieben.
Pastoren bekreuzigten sich, wenn er – scharf wie Heine und
Marx – der deutschen Wirklichkeit die Maske herunterriß. Sie
waren weniger kritisch, als ohne sein Zutun die blonde Bestie
mit der wilden Jagd Wotans losgelassen wurde.

Das Gehege, der stillen Garten, aus dem Nietzsche ausbrach,
war längst von innen her miniert. Man vergleiche die unendlich zarte und sichere Linienführung von Mörikes ›Turmhahn‹ mit der bourgeoisen Salbung, mit der Geibel in einem
Pfarrhausgedicht den jungen Prediger verklärt, der – in das
Konzept für den Sonntag vertieft – nicht bemerkt, wie sein
junges Frauchen hereingetreten ist und ihm hingerissen zu-
schaut bei seinem heiligen Dienst am Wort. Bei Geibel wird
1870/71 den Glocken die Aufgabe zuteil, den Sieg zu verkünden, das Bündnis von Thron und Altar. Und bei Treitsch-
ke soll ganz kraß schon die Welt am deutschen Wesen ge-
nesen, das aus dem Pfarrhaus als seinem Allerheiligsten her-
vorgeht.

Der gläubige Pfarrer verschwindet zusehends aus der hohen
Literatur in der zweiten Hälfte des neunzehnten Jahrhunderts.

Auch die Schweizer Dichtung geht diesen Weg. Bei Gott-helf ist der Pfarrer überall am Werk als streitbarer Kämp-fer für die Schaffung eines echten Gemeinwesens im Sinn der zwinglianischen Landeskirche und der eidgenössischen Land-gemeinde. Döblin war mit Recht betroffen von der so lange unbeachtet gebliebenen »Schwarzen Spinne«, von ihrer Gestal-tungskraft und dem Sinn für das Dämonische, das eine Art Kafka-Seite bei Gotthelf offenbart. Bei Gotthelf Keller aber trägt der eifernde Pfarrer die Schuld am ›verlorenen Lachen‹, und ›Romeo und Julia auf dem Dorfe‹ könnte wie ›Werther‹ schließen: »Kein Geistlicher folgte ihrem Sarge.«

Conrad Ferdinand Meyer, dem patrizischen Gegenspieler des Kleinbürgers Keller, hat seine streng reformierte Erzie-hung offene Haßreaktionen auf die römisch-katholische Kirche eingegeben, versteckte, tief verwurzelte auf die Religion schlechthin. Das vieldeutige Lächeln auf den Lippen Thomas Beckets, des ermordeten Heiligen – abgeklärte Heiterkeit oder abgründige Ironie? –, ist typisch nicht nur für Meyer, sondern für die Literatur der Zeit. Wir finden es wieder – wenn auch schlichter, betulicher, humaner – auf den Lippen des Pastors Lorenzen, wenn er bei Fontane mit dem alten Stechlin über letzte Dinge spricht, ein weites Feld. Die Pastoren bei Tho-mas Mann tragen es zur Schau, angefangen mit den ›Budden-brooks‹. Ironisch lächelt Thomas Mann selber dem Serenus Zeitblom über die Schulter, wenn er aus einer diesmal liberal katholischen, sittsam humanistischen Lehrer- und Pfarrerper-spektive die Chronik des Adrian Leverkühn zu schreiben un-ternimmt. Und hinter diesem Faustus taucht sein Urbild auf, zwiegesichtig, unfaßbar: Nietzsche.

Aus dem Hin und Her zwischen Pfarrhaus und Flucht vor ihm zieht Hermann Hesse stets aufs neue schöpferische Kraft. In die Geborgenheit der Klöster treibt es noch Joseph Knecht im ›Glasperlenspiel‹; er entzieht sich ein letztes Mal und ertrinkt im Bergsee. Im Hintergrund von Hesses Gesamtwerk steht nicht nur das Pfarrhaus der leiblichen Vorfahren und Väter, sondern auch Pfarrhaus, Klosterschulen, Stift der geist-lichen ›Schwabenväter‹ durch die Jahrhunderte. Das ›Glas-perlenspiel‹ zehrt vom Erbe der Schwabenväter Bengel und Oetinger, des faszinierendsten unter ihnen, dem schon ge-nannten Johann Valentin Andreä, dem Verfasser der ersten

Rosenkreuzschriften und der wegweisenden Roman-Utopie ›Christianopolis‹ nicht zu vergessen.

Bei Gerhart Hauptmann, dem Wirts- und Webersohn, sind entscheidend schlesische Sektierer, nicht Pastoren. Gegen Vater Hilse, den frommen Stündler aus den ›Webern‹, kommt selbst der enthusiastisch verworrene Kandidat der Theologie nicht auf und erst recht nicht der Pfarrer, weder hier noch in andern Dramen. Bei aller Ergriffenheit zuletzt doch wieder das Schwanken, die Pontius-Pilatus-Gebärde, das vieldeutige Lächeln – auch und gerade im ›Emmanuel Quint‹.

Wie tiefer die Überzeugung, aber wie primitiv die Mittel im Herrenhuter Bubenroman ›Gottfried Kämpfer‹ von A. H. Krüger! Auf ähnlichem Niveau phantasiert sich die lungenkranke Pfarrersfrau Agnes Günther sektiersch verzückt in ›Die Heilige und ihr Narr‹ hinein, wobei die Zinnen der Ewigen Stadt merkwürdig mit den Märchenschlössern Marlittscher Prinzen zusammenfallen – eine Symbiose, die dem Werk sein Publikum durch zwei Weltkriege hindurch gesichert hat und auch für die touristische Erschließung des Ländchens Hohenlohe-Langenburg, wo der Roman spielt, nicht ohne Bedeutung gewesen ist.

Den Rundgang durch die Galerie der pfarrhäuslichen Genrebilder können wir uns ersparen. Die provinziellen Spielarten sind zahlreich. Württemberg – das unerschöpfliche Reservoir von Stiftlern, die als Hauslehrer auch in Norddeutschland und bis nach Rußland hinüber sehr gefragt waren – stellt viele Vertreter. Hermann Kurz wurde schon genannt, und neben Ottilie Wildermuth tritt ein langer Zug anderer Frauen, von Helene Christaller bis Agnes Sapper und Auguste Supper. Das Schweizer Kontigent ist stärker mit Männern beschickt, darunter Ernst Zahn und Ch. F. Heer; auf katholischer Seite Heinrich Federer. Von ganz anderem dichterischen Rang Luise von François, eine Norddeutsche mit hugenottischen Ahnen. Ihre herbe Größe bleibt aber an einen engen Bezirk gebunden, ist nicht bis zum Weltgültigen durchgedrungen wie in England die Schwestern (und Pfarrerstöchter) Brontë.

Der mondäne Saal: von Paul Heyse und Ernst von Wolzogen, der die unverwüstliche und harmlose Schnurre von der ›Gloriahose‹ beisteuert, bis zu O. E. Hartleben, der aggressiver im Maupassant-Stil den ›Gastfreien Pastor‹ zum besten gibt. Damit sind wir schon beim Gewagtesten angelangt. Der ›Simplizissimus‹ liefert die Illustrationen. Derberes Geschütz wird gegen den katholischen Priester aufgefahren, von Wilhelm Buschs ›Frommer Helene‹ bis zum Saft- und Kraftstil Ludwig Thomas und anderer bajuwarischer Rabelais-Nachfahren.

Sparte ›Berufsroman‹: Wilhelm von Polenz: ›Der Pfarrer von Breitendorf‹, der seinem ›Büttnerbauer‹ längst das Wasser nicht reicht. Wilhelm Hegeler: ›Pastor Klinghammer‹, der literarisch noch unter seinem ›Ingenieur Horstmann‹ steht. In den Werken dieser Gattung wird der Talar meist an den Nagel gehängt. Die einstigen Theologen halten als freie Kulturträger Goethe-Lesungen: das emanzipierte Pfarrhaus, wie schon der fatale Wilhelm Jordan es sich vorgestellt, wie David Friedrich Strauß es ausgemalt und Nietzsche es vernichtend glossiert hat.

Gustav Frenssen gehört in eine germanische Privatnische. Der Weg führt von ›Hilligenlei‹ über den ›Pfarrer von Poggsee‹ zum ›Glauben der Nordmark‹. »Er wandte sich von rationalistischen Christentum zu einer germanisch gottgläubigen Haltung«, war noch 1953 in dem weitverbreiteten Literaturlexikon von Heinz Kindermann zu lesen. Die glänzende Satire auf die alldeutschen Pastoren im ›Opferfest‹ (1926) von Otto von Taube wird nicht erwähnt. Aufschlußreich die baltische Herkunft Taubes. In diesem Randgebiet, wo der Pastor aus ganz andern gesellschaftlichen Schichten stammte und unter andern Verhältnissen wirkte – ein Freier unter Freiherrn –, hat er auch in der Literatur den Zug zum Großen, ja Selbstherrlichen behalten, bei Eduard von Keyserling sowohl wie bei Frank Thieß und Werner Bergengruen. Aus dem Baltikum stammt auch Edzard Schaper, dessen bekanntester Roman ›Die sterbende Kirche‹, 1935, den Typ des russisch-orthodoxen, aber antiautoritären Priesters, Vater Seraphim, einführt, der allen Bedrohungen gegenüber bis in den Opfertod hinein seinen Mann steht und das Samenkorn der wahren Kirche rettet. Er ist der »Starez«, wie er einst Dostojewskij fasziniert hat und den geheimen Mittelpunkt der ›Karamzov‹ bildet, während ein gleicher »Vater« den schon todgeweihten Tolstoj 1910 auf letzte, vergebliche Pilgerfahrt trieb. In Deutschland sind heroische Geistliche dieser Art – sei es der

Pfarrer D. Bonhoeffer, sei es Pater Kolbe und andere – erst im Widerstand des Zweiten Weltkrieges in den Vordergrund getreten, wenn auch ohne die östlich schweifende Mystik, die noch bei Solschenyzin weiterlebt. Vielleicht darf man vorsichtig formulieren: die Katholiken und Orthodoxen beziehen ihre Unbedingtheit aus dem Vorbild der Heiligen und Märtyrer, die Protestanten aus ihrem meist ausgeprägterem Gerechtigkeitssinn.

An antiautoritären Pfarrern fehlte es nie in den skandinavischen Ländern, wo das Luthertum unter anderen politischen und sozialen Bedingungen sich gefestigt hatte als in den deutschen Kleinstaaten mit ihrem Landesfürstentum – einer teils segensreichen, dem Fortschritt zugewandten Institutionen, segensreichen, dem Fortschritt zugewandten Institution, teils aber auch einem Hemmschuh der freien Entwicklung, wie sie im größeren Teil des übrigen Europa sich vollzogen hat.

Christoph Schrempf in Württemberg gehört zu den wenigen, die die politische Vehemenz Kierkegaards, nicht bloß seine religiöse Radikalität gesehen und auch für sich die Konsequenzen daraus gezogen haben. Schon vor dem wetternd traditionsverwurzelten und doch erzradikalen Björnson, vor den scharf antiklerikalen nordischen Romanciers unserer Tage wie Henrik Pontoppidan und Andersen-Nexö ist Jens Peter Jacobsen nicht nur der große Elegiker, sondern auch der schrille Kritiker kirchlichen Pharisäertums gewesen.

Im Drama bleibt Ibsens ›Rosmersholm‹ das klassische Bild des brüchig gewordenen Pfarrhauses, das Bernard Shaw in seiner ›Candida‹ um subtil ironische Züge bereichert. Selbst Wedekind reibt sich nur an Schulmännern und Heinrich Mann am Professor Unrat.

Die gestaute Energie bricht im ›Pastor Ephraim Magnus‹ von Hans Henny Jahnn aus allen Nüstern und Poren hervor, schwillt zu einem Sturzbach der Anklage, der dann allerdings das Theater sprengt und die Zivilcourage der Intendanten mit sich fortspült. Ätzender als expressionistische Pastorenkarikaturen haben sich ein paar Zeichnungen von George Grosz eingegraben. Die nationalistische Pervertierung des Pfarrers im Weltkrieg ist von einem Wiener, Karl Kraus, in den ›Letzten Tagen der Menschheit‹ festgehalten worden, dieser ein-

maligen Riesenschau des patriotischen Irrsinns und Kanniba-
lismus.

Kapläne treten seit Ende des neunzehnten Jahrhunderts häufiger auf die Bühne und wirken raumsicherer. Halbes ›Jugend‹
hat nicht nur Atmosphäre (Ostpreußen, nach Polen tendie-
rend, bunte Halstücher und slawische Lieder) – das Stück
stellt auch Gestalten auf die Beine: den alten toleranten Priester und den jungen Zeloten, der das Liebespaar in den Tod
treibt. Zur gleichen Zeit hat Anzengrubers ›Pfarrer von Kirch-
feld‹ selbst die bäuerlichen Massen erregt.

Genug der Aufzählungen! Auf das katholische Pfarrhaus
konnte nur im Vorbeigehen ein Blick geworfen werden. Mit
zu den frühesten und schönsten Erzählungen gehört Stifters
Novelle ›Kalkstein‹, die Geschichte des »armen Wohltäters«,
1844; mit zu den unbekannten und aufschlußreichsten Hermann Essigs ›Pfarrhauskomödie‹, 1908, die bayrisch-ländliche
Verhältnisse nicht ohne ätzend wedekindschen Einschlag und
doch voll menschlicher Wärme auf die Bühne stellt, während
Gertrud von Le Fort schon vor 1933 im Geist von Guardini
und Reinhold Schneider die Wurzeln der wahren Kirche auf-
deckte und bis nach Frankreich hinüber Bernanos und Claudel
bewegte.

Zwei protestantische Dichter des zwanzigsten Jahrhunderts
sollen etwas näher betrachtet werden: Ina Seidel und Gottfried Benn – konservative und avantgardistische Literatur, ge-
eint durchs Pfarrhaus.

Ina Seidel weist unter ihren Vorfahren mütterlicher- wie
väterlicherseits zahlreiche norddeutsche Pfarrer auf, darunter
den Großvater Heinrich Alexander Seidel, einen christlich-
deutschen Volkserzähler um 1860. Er bildet den Übergang zu
den erstaunlich zahlreichen Schriftstellern unter seiner Nach-
kommenschaft – vom Onkel und vom Bruder bis zum Gatten
und zum Sohn der Dichterin: Pfarrhaus als Urzelle des
Geistes.

›Lennacker‹, der berühmte, in vielen Auflagen verbreitete
Altersroman von Ina Seidel, ist das Buch vom Pfarrhaus
schlechthin geworden – die Geschichte einer Pfarrerfamilie
durch zwölf Generationen, von Luther bis heute. 1937 erschienen, wollte das Werk auf seine Weise Protest sein gegen
das herrschende Regime, Rückbesinnung auf das unverwes-

liche Erbe, das innere Reich. Formal wie inhaltlich greift es dabei auf einen der gediegensten Ladenhüter der Literatur zurück: Freytags kleindeutsch-protestantische und nationale ›Ahnen‹.

Hier wie dort bildet das Pfarrhaus in den Zeiten vaterländischer Bedrohung die Zelle des sittlichen Widerstandes und der geistigen Wiedergeburt. Beidemal wird das sinnfällig demonstriert an Episoden aus dem Dreißigjährigen Krieg und den Befreiungskriegen von 1813/14. ›Balthasar Scharfenberg, ein Reitersmann aus dem Dreißigjährigen Krieg‹ hatte schon eine Erzählung des Großvaters Heinrich Alexander Seidel geheißen. Die Erzählung eines andern Pfarrer-Dichters, Adolf Schmitthenner, ›Friede auf Erden‹, gehört bis heute zum eisernen Bestand aller Lesebücher und wurde als solche schon analysiert. Auch Raabes ›Else von der Tanne‹ muß unter diesen volkstümlichen Darstellungen einer düsteren Zeit genannt werden, in der das innere Licht nur von wenigen behütet wird, bis es eines Tages als Flamme aufschlägt.

Von diesen seltenen Stunden gemeinsamer Erhebung abgesehen, geht der Kampf bei Ina Seidel nur um die Freiheit der Seele. Die Obrigkeit wird nirgends in Frage gestellt. Mündig gewordenes Christentum besteht gerade darin, ihr freiwillig zu gehorchen. Der Horizont verengt sich beklemmend. Als revolutionäre Fakten im neunzehnten Jahrhundert erscheinen die sozialen Forderungen des Pastors Fliedner und die liberalen Ansprüche Adolf von Harnacks. Väter und Söhne geraten darüber in Zwiespalt, versöhnen sich am Sterbebett.

Welch andere Weite, welch freier Atem bei den Dichterinnen aus der skandinavischen Tradition – von Selma Lagerlöf und ihrem ›Gösta Berling‹, dem einstigen Pfarrer, der noch als Landstreicher Kavalier bleibt, bis zu Sigrid Undset, der katholisch gewordenen Lavranstochter!

Welch souveräne Haltung auch bei Ricarda Huch, die zwar sehr protestantisch bestimmt ist, aber freigeistig außerhalb des Pfarrhauses steht. Dem entspricht auf politischem Gebiet ein patrizisches Selbstbewußtsein, das im Gegensatz zu einer Ina Seidel, einem Rudolf G. Binding und andern Gipsklassikern an die staatsbürgerlichen Forderungen der Klassik des achtzehnten Jahrhunderts anknüpft, die auch der Hanseate Thomas Mann damals wiederentdeckt hat.

Die Schlußszene im ›Lennacker‹ zeigt, wie dem Erzähler, der als kriegsverletzter Leutnant im Dezember 1918 Aufnahme bei einer Verwandten in einem protestantischen Damenstift gefunden hatte, die Gnade der Erleuchtung zuteil wird. Aus seinen zwölf Fiebervisionen heraus, worin die Vorfahren, die Pfarrer, an ihm vorbeigezogen waren, findet der letzte Lennacker als künftiger Arzt den Weg zurück in die Gemeinschaft – eine marschierende, nur auf innere Freiheit bedachte Gemeinschaft, »wo der Einzelne sich im Gleichtakt mit Tausenden weiß.«

Nahtlos geht die Prosastelle aus dem Roman in die Strophen des berühmten Kriegsgedichtes von 1940 ›An den Straßen‹ über. »Wieder wie vor fünfundzwanzig Jahren« hört die Dichterin den Marschtakt der grauen Feldsoldaten auf dem Pflaster dröhnen und segnet erschüttert die opferfroh Singenden: »Söhne! . . . Als der Tag des Krieges ging zur Rüste / wußten wir es, Deutschland war verloren – / Doch in euch war Deutschland neu geboren«! Für dieses ewige Deutschland gibt es auch im neuen Krieg nur die alte Parole: »Mit dir, für dich siegen oder sterben!«

›Dienende Herzen‹ heißt im selben Sinn der Titel einer Auswahl ›Kriegsbriefe von Nachrichtenhelferinnen des Heeres‹, die Ina Seidel 1942 mit einem Vorwort herausgab. Sie lobt darin die Führung für die schmucke Uniform der Mädchen und für die Kenntnis der fremden Länder, die sie im Heeresdienst erwerben dürfen, ehe Haus und Herd sie ans eigene Land binden werden.

Fassungslos steht der Betrachter vor der Bewußtseinsspaltung, die sich in solchen Texten ausdrückt. Denn parallel mit dieser offenen Abdankung vor der Gewalt lief eine freilich behutsame, nur privatim geäußerte Kritik an gewissen Seiten des Regimes. Manifester wurden die Vorbehalte bei ihrem Gatten, dem Pfarrer-Dichter Wolfgang Seidel, als er vorzeitig sein Recht auf Pensionierung anmeldete, um nicht im Rahmen des Dritten Reiches steten Gewissenskonflikten ausgesetzt zu sein. Ruhegehalt und Rückzug aufs Land sind allerdings noch keine Lösung des Problems, besonders nicht, wenn auch weiterhin in entscheidenden Momenten die Machthaber gedeckt werden.

Der Mangel Deutschlands an freiheitlichen Dichterinnen, wie

die englische, die französische und auch die italienische Literatur sie aufweisen, wird hier ebenso evident wie die Verantwortung des Pfarrhauses dafür. Über die ›Emanzipation‹ einer George Sand wird Ina Seidel wohl ebenso negativ urteilen wie fast alle ihre deutschen Kolleginnen im neunzehnten Jahrhundert. Sie selbst aber rückt mitten im zwanzigsten Jahrhundert als obrigkeitshörig an die Seite der Luise Millerin, die im letzten Augenblick die Flucht mit Ferdinand verweigert und im Licht starr lutherischen Obrigkeitsdenkens sich einer leidenschaftlichen Selbstkritik unterzieht: die Liebe einer Bürgerstochter zu einem Adligen war ›Sünde‹ und ›Kirchenraub‹, die Mißachtung der gottgewollten Schranken zwischen den Ständen war ›Verbrechen‹.

Der Ständebegriff hat sich bei Ina Seidel – im Sinn der ganzen deutschen Entwicklung – gelockert, die Frömmigkeit säkularisiert. Geblieben ist das Grundgefühl von der gottgewollten Gemeinschaft im Staat, dessen Fundamente nicht zur Diskussion stehen. Krieg erscheint als außermenschliches Verhängnis, das die Mütter mit Ergebenheit hinzunehmen und für das Männer und Söhne ›opferfroh‹ ihr Leben einzusetzen haben. Wie sehr diese Auffassung diejenige weiter Kreise ist, ergibt schon ein Blick auf die Literaturkritik, wo die politische Atrophie der Dichterin – ein Problem für sie selbst in den letzten Romanen – so gut wie nie durchleuchtet und auf seine Ursachen zurückgeführt, um so häufiger aber salbadernd sakralisiert wird als »weiblich geduldiges, mütterliches Hineinlauschen ins All-Eine«, als »Suchen nach Aufhebung menschlicher Einsamkeit im Gottgeheimnis«, als »Rückkehr ins Geflecht urmythischer Beziehungen«. Aber Lennacker ist nicht wie Faust bei den Müttern eingekehrt, nur bei alten Tanten, für die Thron und Altar auf immer eine unverbrüchliche Einheit bilden. So hatte es schon der Dichter-Pfarrer Heinrich Alexander Seidel gelehrt, als er – 1858 zum Divisionsprediger befördert – sein ›Liederbuch für deutsche Krieger‹ herausgab und eine andere Sammlung ›Soldaten nach dem Herzen Gottes‹ betitelte.

Am Beispiel der Pastorenenkelin Ina Seidel wird die Tiefenwirkung einer bestimmten Sozialethik offenbar, wie sie sich im Katechismus herausgebildet hat und durch Generationen von Pfarrern der Jugend anerzogen worden ist. Die positive Seite darf dabei nicht übersehen werden: Sinn für Disziplin,

Leistung, unverdrossenen Einsatz der Person im Dienst eines Ganzen. Hier rührt der Roman an eine Substanz deutschen Wesens – den Kern, aus dem die erstaunliche Kraft zum Aufbau und Wiederbeginn wuchs. In diesem Sinn konnte und kann auch Ina Seidels Werk Zuflucht und Stärkung für viele werden. Inwieweit Luther selbst verantwortlich zu machen ist für so viel politische Indifferenz bei so viel Werktreue und Arbeitsbesessenheit, soll hier nicht näher erörtert werden. Der Vergleich von Ina Seidel mit Schiller zeigt aber, zu welch freier und weiter Auffassung die protestantisch bestimmten Dichter und Denker des achtzehnten Jahrhunderts schon gelangt waren und wie regressiv die spätere Entwicklung verlaufen ist.

Nicht umsonst steht in ›Kabale und Liebe‹ neben Luise Millerin Lady Milford, die betont als herrisch freie Engländerin im Gegensatz zur demütigen deutschen Kleinbürgerin handelt und mit großer Geste dem Herzog ihre Absage erteilt: sie, die ihm aus freien Stücken ihren Körper hingegeben hat, will es nicht dulden, daß er über den der Männer seines Landes mit Willkür verfügt. Mag die Figur der Milford auch nicht so vieldeutig ›tief‹ angelegt sein wie die der Millerin: die Konsequenz, die sie aus den Enthüllungen des Kammerdieners über den fürstlichen Menschenraub zieht, hat die Geister so leidenschaftlich aufgerührt wie Posas Forderung im ›Don Carlos‹: »Geben Sie Gedankenfreiheit, Sire!«

Die gleiche Dialektik gibt Schillers ganzem Schaffen die Spannung, den Aufschwung, die Tiefe: Rousseau in Auseinandersetzung mit Luther, Gebote des sechzehnten Jahrhunderts mit Forderungen des achtzehnten, inneres Reich des Geistes aktiv konfrontiert mit dem äußern der Macht.

Auch von Jochen Klepper, dem männlichen Gegenstück zu Ina Seidel, führt der Weg nicht zu Schiller zurück, wohl aber zu Hebbel. Hinter der harten Gestalt des ›Vaters‹, die sein ganzes Staatsdenken beherrscht und seinem berühmten Roman den Titel gegeben hat, stehen literarisch gesehen der unerbittliche Herzog aus ›Agnes Bernauer‹ und der sture Meister Anton aus ›Maria Magdalena‹; biographisch gesehen der eigene Vater, ein Pfarrer aus Beuthen an der Oder, der mit dem Sohn gebrochen hatte, als er Journalist in Berlin geworden war und eine Jüdin geheiratet hatte: historisch gesehen der Soldatenkönig, den Jochen Klepper als Typ des strengen und gerechten Monarchen um so leidenschaftlicher sakralisierte, als sein Schuldgefühl dem Vater gegenüber die Überkompensation verlangen mochte; religiös gesehen der immer wieder vom furchtbaren Gottvater auf die Probe gestellte, nur im Licht der sola-fide-Lehre verstandene Luther.

Zu welchem Kadavergehorsam diese Haltung führen kann, zeigt in erschütternder Weise Kleppers ›Tagebuch‹ – teils Zeugnis eines großartig dem Absoluten zustrebenden Geistes, dem sich nach und nach das Furchtbare enthüllt, teils Ausdruck wirren Schicksalsglaubens, provozierende Verwechslung der festen Burg der Seele mit dem bürgerlich geschmückten Heim, in das man sich in blindem Vertrauen auf das ›Gute‹ im eignen Volk mit seiner Sulamith einschließt und über deren einzigem Ausgang das Wort ›Tod‹ steht.

Der tiefe Widerhall dieser menschlich erregenden Tragödie ist ebenso aufschlußreich für die heutige Zeit, wie es nach dem Ersten Weltkrieg die Popularität eines Walter Flex war, dessen ›Wanderer zwischen beiden Welten‹ dieselbe Mischung von Theologie, politischer Unvernunft und Schicksalshörigkeit aufweist. Unter dem kriegsfreiwilligen jungen Pfarrer trällert der Wandervogel hervor, in stetem Hin und Her zwischen strammem Gehorsam und kosmischem Ausschweifen, ohne Ahnung für das, was eigentlich gespielt wird, ohne Blick für den Abgrund, in den Europa durch seine Herren sich treiben ließ, ganz vordergründig bei allem vorgetäuschten Tiefsinn, dumpfem Gemeinschaftszauber erlegen, der die Menschheit von ihrer Selbstentfremdung durch die Vernunft und die Aufklärung befreien will ... wo doch Vernunft das Allererste war, das fehlte, und Aufklärung das Heilmittel blieb gegen den Massenrückfall in Barbarei; Aufklärung, wie Kant, Lessing und die Klassiker sie verstanden hatten als »Befreiung der Geister vom Druck überkommener Vorurteile«, als »Ausgang des Menschen aus seiner selbstverschuldeten Unmündigkeit«.

Freilich ist zur selben Zeit auch im Lande der Aufklärung und der Menschenrechte das humanistische Ideal so gut wie das religiöse dem hemmungslosen Machtwillen der herrschenden Klasse dienstbar gemacht worden. ›Herz-Jesu‹ und ›heilige Johanna‹ stand auf den Panieren, die im Kreuzzug gegen Deutschland voranflatterten. Seiner Erlösermission war Frankreich um so sicherer, als es eine Doppelgarantie dafür besaß: die älteste Tochter der Kirche war auch die liebste der Pallas Athene. »Kind einer Griechin und eines Abbé«, spottete René Schickele. Romain Rolland, der vom ersten Tag des Weltkriegs an hinter den Phrasen die Ursachen des europäischen Konfliktes und seine verheerenden Auswirkungen klar erkannte und pathetisch aussprach, wurde zum verräterischen Zivilisationsliteraten gestempelt und von der ›Gemeinschaft‹ ausgeschlossen wie Heinrich Mann in Deutschland. Die Zivilisation, die Kultur hatten die andern verraten, nicht sie.

Als Nachkomme von Spener und Oberlin und als elsässischer Pfarrerssohn, der zwischen und über den Nationen stand, hat Albert Schweitzer zur selben Zeit versucht, auf seine Weise Impulse des achtzehnten Jahrhunderts stillschweigend in die Tat umzusetzen. Das Bild, das er von seinen Kindheitsjahren festgehalten hat, ist eine der schönsten Varianten, unter denen das Pfarrhaus in der Memoirenliteratur weiterlebt.

Jean-Paul-Klänge tönen bei Gottfried Benn nach, wenn er das väterliche Pfarrhaus wiedererweckt »im Dorf mit 700 Einwohnern, drei Stunden östlich der Oder«. »Häusliche Armut, wie nah war alles, wie schön und zitternd.« Anders als Jean Paul ist er aber nicht für die Kleinen, Verachteten und nicht wie Büchner für Wozzek. »Kommiß und Kasino bestimmten seine äußere Prägung mit«, notiert Thilo Koch. Neben dem Vater, dem starken Mann, dem scheu verehrten, steht undiskutiert sein weltlicher Herr, ein Graf aus ostelbischem Adel, den er bewundernd als Junge im Wald einmal Holzsammler durchdreschen sah: Ordnung muß sein, oben die einen, die andern unten. Im gleichen Geist – dem Geist von Hebbels Bernauer-Drama – wohnt Benn später unbewegt der Erschießung von Miß Edith Cavell in Brüssel bei.

Der verlorene Sohn in Berlin hat mit dem Geschlecht zu tun als Arzt, als Mensch, als Dichter. Der Abtrünnige, der Verfasser des wild grölenden Hohnliedes auf den ›Pastorensohn‹, zelebriert den Kultus des größeren Apostaten: Nietzsche, schließt aber mit pastörlicher Wendung seine Rede auf Heinrich Mann, den er nur als Nietzsche-Schüler und Renaissancemenschen sieht, nicht als Schüler Zolas und Vorkämpfer der Menschenrechte kennt: »Wir hüten Ihr Werk, wir segnen es.«

Mit einem Psalmistenwort schmückt sich zwei Jahre darauf das Dokument seines Abfalls, das Bekenntnis zum Dritten Reich: »Gehirne muß der neue Staat züchten mit Hörnern, deren Hörner sind wie Einhornshörner, mit denselben wird er die Völker zu Hauf stoßen bis an des Landes Enden.« Auch die andern Stichworte fallen: ›Volk‹, ›Gemeinschaft‹ – Volk als rauschhaft-tragisch empfundene Schicksalsgemeinschaft, wo jedem sein Platz vorbestimmt ist. Moral der Luise Millerin – nur daß der Sprecher sein Recht anmeldet, oben zu tafeln bei den Herren. Es wird ihm verweigert. Aristokratische Form der Emigration: das Heer. Ina Seidel versteht. Ein aufschlußreicher Briefwechsel hebt an. Benn schreibt devot, zahm – so wie wenn Pastorensohn zu Pfarrerstochter sich findet. Aber nach dem Krieg streicht er stundenlang in Bayern um ihre Wohnung, geht schließlich nicht hinein: was sollte schon der alte Roué mit dem Wunschkind?

Tempo und Ziel waren andere. Daß die Anfälligkeit des Rebellen für die Gewaltherrschaft sich keineswegs nur auf das Obrigkeitsdenken des väterlichen Pfarrhauses zurückführen läßt, zeigt ein Vergleich mit dem Kreis der Gleichgesinnten, von Marinetti und Hamsun bis Ezra Pound und Céline. Gemeinsam ist ihnen unter der Maske des Anarchisten das Klassenressentiment, der Herrschaftsanspruch des geduckten Kleinbürgers.

Ina Seidel hat heute selbst im Deutschland der Mopedjugend nicht mehr viel zu sagen. Benn wird auch in Tokio gelesen, in Harvard kommentiert. Ströme aus zwei Himmelsrichtungen mischen sich in seiner Lyrik: Kirchenlied und Jazzmelodie. Die Sprache ist durchsetzt mit Bibel- und Gesangbuchreminiszenzen:

Die Ähre: »Sie wächst nicht, um zu leben,
         So singt der Ährenwind,
         Sie wächst, sich zu ergeben«
– das kommt von Paul Gerhardt.

Eberereschen: »Gefärbt, gefüllt, gereift, zu Gott geboten« – das kommt von Klopstock: »Saat von Gott gesät, dem Tage der Garben zu reifen.« Die Zitate ließen sich häufen. Sie ziehen sich leitmotivisch durchs ganze Werk. »Kühle blasse Gesichter – und das tiefe: Vollbracht.« Oder: »Durch jede Stunde, durch jedes Wort / Blutet die Wunde der Schöpfung fort.«

Paradoxerweise haben nicht die strengen und reinen Gesang-
buchverse von Rudolf Alexander Schröder Weltverbreitung
gefunden, sondern die hybriden Gebilde Benns – weil die
Stimme bei ihm (wie bei Baudelaire, dem unerreichten Vorbild) durch den Lärm, den Glanz und der Jammer der Großstadt spricht, weil sie von den Polstern der Bar und der Theke
der Bierschwemme »auf aller Töne Grund« zurückzugehen
versucht, »einen Durst zu löschen anderer Art« – wiederum
Zitate aus Benn.

Tandaradei und Ringelreihen, weiß er, sind längst keine
Volkslieder mehr; ihre vorläufig letzte Gestaltung haben diese
in den Negergesängen vom Mississippi gefunden, die so ele-
mentar wirken und dabei so komplexe Schichtengebilde afri-
kanischer, kolonial-spanischer, altfranzösischer und angel-
sächsisch-puritanischer Herkunft sind und religiöse Impulse
mit weltlichen verbinden.

Im Sinne Herders, des Ostpreußen, hat Benn instinktiv hier
Brücken geschlagen und in seiner einsamen Arbeit am Wort
einen Sinn für Pflicht, Zucht, Nüchternheit an den Tag gelegt,
der als ein ins Artistenevangelium übersetztes Erbteil des
Pfarrhaus-Ethos gebucht werden darf.

Mit ganz anderm religiösen Ernst und Verantwortungsgefühl
lebt dieser Geist in der ›Unruhigen Nacht‹ von Albrecht Goes
weiter. Die Erzählung hat in die Welt gewirkt und wird hier
stellvertretend für andere Werke der gleichen Gesinnung genannt. Der schwäbische Dichter-Pfarrer hat Beziehungen zu
J. Klepper wie zu Ina Seidel, und doch führt er über sie hinaus, bis in die Nähe Ernst Wiecherts, aber ohne dessen öst-
liches Schweifen, schwäbisch präziser, klassischer und durch
diese humanistische Tradition einem R. A. Schröder verbunden, der eine Synthese von Antike und evangelischem Christentum angestrebt hat.

Der Pfarrer der ›Unruhigen Nacht‹, der einem Soldaten vor
der Erschießung geistlichen Beistand leisten muß, rebelliert
nicht. Aber das Gefühl der Mitschuld läßt ihn nicht mehr los.
Die Absage an die Gewalt ist so unzweideutig wie im ›Schweigen des Meeres‹, der schmalen Erzählung von Vercors, die
ein literarisches Dokument der französischen Résistance bleibt.

Unter dem Druck der Ereignisse waren verschüttete Quellen
aufgebrochen, die auch die Literatur neu befruchtet haben.

Die Männer des zwanzigsten Juli zogen einen Teil ihrer besten Kräfte aus der Besinnung auf das reformatorische Erbe in seiner Unbedingtheit. »Wer wollte dem Deutschen bestreiten«, schreibt der Pfarrer Dietrich Bonhoeffer im Winter 1942/43, »daß er im Gehorsam, im Auftrag, im Beruf immer wieder das Äußerste an Tapferkeit und Lebenseinsatz vollbracht hat? ... Aber damit hat er die Welt verkannt; er hatte nicht damit gerechnet, daß seine Bereitschaft zur Unterordnung, zum Lebenseinsatz für den Auftrag zum Bösen mißbraucht werden könnte.« Bonhoeffer ist wie viele dieser Besten im Konzentrationslager umgekommen. »Hier stehe ich, ich kann nicht anders«, war aus einer Phrase wieder zu einem Märtyrerwort geworden.

Welche Antwort kann am Ende dieser Betrachtungen der Eingangsfrage Ernst Kretschmers zuteil werden? Der Name Baudelaire mag als Überleitung dienen.

Kein Pfarhaus lutherischer Observanz steht hinter Baudelaire, sowenig wie hinter andern französischen Dichtern. Calvinisten wie der große Agrippa d'Aubigné im siebzehnten Jahrhundert, André Gide im zwanzigsten Jahrhundert, ein paar andere noch – darunter Schriftsteller der romanischen Schweiz – bilden Ausnahmen. Die religiöse Energie und die geistige Dynamik sind darum nicht minder nachweisbar bei einem Baudelaire. Unter den Dirnen und in den Gossen von Paris orientiert er sich am Kompaß des katholischen Sündenbegriffs, genauso wie Racine unter den Hofintrigen und der Mätressenwirtschaft von Versailles die letzten sicheren Entscheidungen im Hinblick auf den unvergeßlich ihm eingegrabenen Jansenismus seiner geistlichen Väter getroffen hat.

Das Bild, das die französische Literatur von der Kirche und ihren Dienern gibt, ist erregend vielfältig, genau und vehement.

Schon Pascal ist nicht nur, wie Benn ihn sah, der Mathematiker und absolute christliche Denker: er ist auch der glänzende Gesellschaftskritiker, der scharfzielende Entlarver der Jesuiten, dessen satirisches Meisterwerk, die ›Provinciales‹, bis heute Schullektüre geblieben sind, genau wie ihr dramatisches Gegenstück, der ›Tartuffe‹. Ludwig XIV., der allerchristlichste Herrscher, deckte Molière vor der Geistlichkeit. Kein Hohenzoller hat je eine Pastorensatire decken müssen, denn kein deutscher Dichter hat sie geschrieben. Friedrich II. stellte sich vor Voltaire, stieß Lessing zurück. Und Lessings Polemik mit dem Hauptpastor Goeze kommt nur an hochqualifizierte Leser heran, nicht an Volk und Jugend. Die geschliffenen sozialkritischen Erkenntnisse Nietzsches aber überwallt nach wie vor der mythische Nebel, der aus den Höhlen Wagners in die Himmel Zarathustras hinaufbraut.

In der französischen Literatur lebt das Bild des ›guten‹ Priesters nicht nur bei Chateaubriand, Lamartine, Balzac und den vielen andern bis Claudel, Mauriac, Bernanos weiter. Rousseau hat bei allem Antiklerikalismus den ›Vicaire savoyard‹ hingestellt, auf den hingerissen ganze Generationen in Europa blickten. Victor Hugo hat in den ›Elenden‹ eine der großartigsten Bischofsgestalten der Weltliteratur geschaffen, den greisen Myriel. Noch Stendhal, der Verfasser des ätzend pfaffenfeindlichen Romans ›Rot und Schwarz‹, zeichnet in der ›Kartause von Parma‹ als rührendste Figur den alten väterlichen Abbé, den Freund der Menschen und der Sterne.

Selbst die österreichische Literatur des neunzehnten Jahrhunderts hat dem wenig genug entgegenzusetzen. Weder bei Grillparzer noch bei Stifter tritt eine Priesterfigur beherrschend und weltgültig gestaltet hervor, von Nebenwerken abgesehen. Auch bei Kleineren wie Marie von Ebner-Eschenbach bleibt der Priester meist am Rande, hat sich nicht unverlierbar dem Gesamtbewußtsein eingeprägt. Erst auf der Stufe von Rosegger wird sein Bild plastischer. Im zwanzigsten Jahrhundert setzt von Hofmannsthal bis Werfel ein katholischer Neubeginn an, der auch in Deutschland seine Entsprechung findet. Aber das Bild des katholischen Pfarrhauses in der deutschen Literatur kann hier nur beiläufig erwähnt werden.

Die Frau fehlt im Haushalt des Priesters? Sie ist um so zahlreicher in Kirche und Kloster vertreten. Beide haben der französischen Dichtung – so gut wie der Salon und die Barrikaden – seit Jahrhunderten eine Fülle von literarischen Gestalten eingegeben und Autorinnen gestellt.

Die Rolle der Pfarrfrau, die Rolle der Frau schlechthin, ist bescheiden daneben in der deutschen Literatur. Und doch ist diese Literatur unnachahmlich, unersetzlich auf ihre Art. Das Pfarrhaus hat weitgehend diese Art mitbestimmt.

Kein Geringerer als Michelet hat dies erkannt und ausgesprochen. Nicht umsonst ist in seiner zwanzigbändigen ›Geschichte Frankreichs‹ (1850) – dieser immer noch lebendigsten, an die Fundamente greifenden und visionär überhöhten, wenn auch leidenschaftlich einseitigen Darstellung – ein berühmtes Kapitel Luther gewidmet und der Kultur, die aus dem Luthertum sich entwickelt hat. Das Positive daran wird um so leuchtender herausgearbeitet, als Michelet damit den allmächtigen Klerus der französischen Restaurationszeit treffen wollte. Der antiklerikale Affekt hat sein Deutschlandbild mitbestimmt wie der anti-napoleonische dasjenige der Madame de Staël.

Licht und Schatten müßten gerechter verteilt werden. Im Ansatz ist das hier versucht worden. Erste Anregungen dazu sind von meinem Pariser Lehrer elsässischer Herkunft, Charles Andler (1866–1933) und dessen Schüler Edmond Vermeil (1878–1964), ausgegangen. Meine Schülerin Rita Thalmann hat ihrerseits 1976 eine weitausholende Studie über ›Protestantisme et nationalisme en Allemagne de 1900 à 1945‹ publiziert, die von Frenssen, W. Flex und Klepper bis zum Widerstandskämpfer Dietrich Bonhoeffer reicht und sich auf viele unveröffentliche Dokumente so gut wie auf Computeruntersuchungen stützt: vier Generationen von Forschern reichen sich derart die Hände.

Mein Essay endet vor dem Neuaufbau nach dem Zweiten Weltkrieg im zwiegespaltenen Deutschland. Die Demokratisierung auch des Pfarrhauses ist unverkennbar, sowohl was die soziale Herkunft betrifft als ein stärkeres politisches Engagement. Schmaler geworden ist die ursprüngliche Wissensgrundlage: wie viele Pfarrer lesen heute noch geläufig Griechisch, Hebräisch, Aramäisch? Die meisten Theologen, die geistig im strengen Sinn arbeiten, sind jetzt Assistenten an der Universität. Auch produktive Frauen darunter; andere stehen auf der Kanzel.

Fragen der Praxis sind in den Vordergrund gerückt; Suchen nach neuen Gottesdienstformen, um dem zunehmenden Kirchenaustritt entgegenzuwirken. Vermehrt hat sich die Verbindung mit anderen Disziplinen, der Psychotherapie vor allem; sexuelle Probleme sind nicht mehr tabu, und Ehescheidungen häufen sich. Die enge Beziehung zur Musik bleibt weiter bestehen, Singkreise werden gefördert. Enorm zurückgegangen ist der aktive Kontakt zur Literatur: Lehrer und Professoren stellen viel mehr Vertreter davon.

Um den Rahmen des Essays nicht zu sprengen, ist die englische Literatur vor 1945 fast außer Betracht geblieben. Verglichen mit dem Schatz von Bildern, die sie vom Pfarrhaus gibt, und ihren unendlich variierten Porträts von Geistlichen aller Grade und Spielarten, erscheint die deutsche Literatur geradezu karg. Ihre Stärke liegt nicht im scharfen Herausarbeiten und prallen Sichtbarmachen der Konturen und Strukturen, sondern in einer ganz bestimmten Intensität, mit der sie Energien des Innern freilegt.

Zusammen mit der englischen Literatur konnte sich so im achtzehnten Jahrhundert jene Doppelfront bilden, die aus dem Geist des säkularisierten Protestantismus heraus Europas Geistesleben revolutionierte und auf den verschiedensten Wegen auch nach Frankreich übergriff.

Das Bild, das Jean Paul und Mörike vom Pfarrhaus übermitteln, ist von innen erschaut, aus dem Kern des Gehäuses, aus der seligen Versponnenheit. In sich verkrochen und verkrümelt, haben diese Dichter in ihren gewissermaßen liliputanischen Verkleinerungs- und Verpuppungsphantasien einen Kraftzuwachs, energiespeichernde Lustgefühle gefunden, die noch heute auf den Leser hinüberzünden und eine bis in die Wurzeln reichende Euphorie in ihm auslösen.

Riesenhaft steigt anderseits zum Himmel die Klage der großen Einsamen: Lessing, Hölderlin, Nietzsche, die vom Pfarrhaus her ihre Stollen tief in die Nacht vorgetrieben haben. Hier rührt man an Grundlagen des Daseins. Das Weltgebäude erzittert. Aber auch diese Revolutionäre bleiben ihren Anfängen verhaftet. So Nietzsche, wenn er 1881 über seine Pfarrhausjugend an Peter Gast schreibt: »Es ist aber das beste Stück idealen Lebens, welches ich kennengelernt habe; von Kindesbeinen an bin ich ihm nachgegangen, in viele Winkel, und ich glaube, ich bin nie in meinem Herzen gegen dasselbe gewesen.« Der Dank an das Pfarrhaus erhält von dieser Seite aus ein ganz besonderes Gewicht.

Zwischen den Extremen stehen die Vermittler. Schlichte, gerade Gestalten, wie schon Matthias Claudius und Johann Peter Hebel, die Klassiker des deutschen Hauses, sie hingestellt haben: gemütswarm und verständig, tolerant bei aller Tatkraft, nach innen horchend und doch der Außenwelt aufgeschlossen. Ohne Pfarrhaus, oder zumindest ohne lutherischen Hintergrund, sind auch die Größten: ein Leibniz, ein Bach, ein Goethe nicht zu verstehen. Mit ihnen hat der Horizont sich geweitet und erhellt. Durch sie erfüllt Deutschland seine andere und dringlichste Berufung: Zwiesprache, Zusammenspiel, Universalität.

Kadettenhaus, Gruppendynamik und Stilwandel
von Wildenbruch bis Rilke und Musil

Das Kadettenhaus, um das es hier geht, ist das Kadettenhaus, wie es sich zu einer bestimmten Zeit in der deutschen Literatur widerspiegelt und wandelt: von Wildenbruch bis Rilke und Musil. Andere Werke – auch aus anderen Literaturen – gruppieren sich um diesen Kern. An ihm läßt sich ein Wandel des Stils ablesen, der zugleich einen Wandel des Menschenbildes bedeutet.

Indem junge Dichter um die Jahrhundertwende aus dem vertrauten Bild der Wirklichkeit einen befremdlichen Teilaspekt herauslösten, sich in ein paar ungewohnte Gefühle verkrallten, zu ein paar überaschenden Bildern, zu schockierenden Formulierungen vorstießen, haben sie die Stil- und Denkebene mitgeschaffen, von der aus wir zum guten Teil heute noch die Welt betrachten und beurteilen.

Die Krise der Erziehung, die Krise des jungen Menschen um 1900, spiegelt sich auch im Schulroman ab, von dem die Kadettengeschichten letzten Endes nur eine Variante bilden. Sie sei zunächst in diesen größeren Zusammenhang gestellt.

Das ›Jahrhundert des Kindes‹ beginnt im deutschen Roman mit einer überaschenden Häufung von Schülerselbstmorden. Der Gymnasiast in Hermann Hesses ›Unterm Rad‹ läßt sich ins Wasser gleiten wie Hanno Buddenbrook bei Thomas Mann in den Typhus. Der Karlsruher Gymnasiast von Emil Strauß erschießt sich (›Freund Hein‹), der Münchner Gymnasiast von Friedrich Huch hängt sich auf (›Mao‹). Erscheinungszeit dieser impressionistisch weichgetönten Werke: 1901–1907.

Bis ins Jahr 1892 reicht das Drama zurück, das den harten Auftakt zu den Schulromanen bildet: ›Frühlings Erwachen‹ von Frank Wedekind. Fünfzehn Jahre lang steht seine Aufführung in Deutschland unter Polizeiverbot. ›Flachsmann als Erzieher‹ verwässert inzwischen die Probleme. Sein Verfasser, Otto Ernst, wird von Wilhelm II. in die Loge bestellt und belobt.

Das Jahr, in dem ›Frühlings Erwachen‹ freigegeben wird – 1906 –, ist auch das Jahr, in dem Heinrich Mann mit seinem ›Professor Unrat‹ zum massiven Angriff auf die Welt der Eltern, der Lehrer, der Untertanen vorgeht. Sturm auf die Väter heißt jetzt die Parole und nicht mehr Flucht in den Tod. Die Welle der großen expressionistischen Vater-Sohn-Tragödien setzt ein. Junge Autoren mit seltsamen Namen und Werken erregen das Publikum: Kornfeld und Hasenclever, Unruh und Sorge.

Aus welcher Bedrückung die Explosion entstanden ist, bestätigen die Dokumente, in die wir jetzt Einblick haben: die ›Tagebücher‹ Georg Heyms zum Beispiel oder die Akten von Döblins Berliner Gymnasium mit Untersuchungsmaterial über die Ursachen der gehäuften Selbstmorde und Hinweise etwa auf die Rolle eines sadistischen Turnlehrers. Labile Seelen gingen da zugrunde, wo Künstler wie Thomas Mann oder Hermann Hesse den Weg zum Nobelpreis antraten, indem sie das Leiden gestalten.

Robuste, aktive Naturen fanden einen anderen Ausweg: die Gründung des Wandervogels, ebenfalls in Berliner Gymnasien zwischen 1896 und 1901. Das Jahr 1906 bedeutet auch hier eine zunehmende Radikalisierung.

Gustav Wyneken schuf – nach Hermann Lietz – seine Freie Schulgemeinde, eine Absage an das bisherige Schulsystem. Was im neuen System nicht stimmte, hat Wilhelm Lehmann in Romanen niedergelegt, die eine unausgeschöpfte Fundgrube für Psychologen und Soziologen bilden. Hans Blüher definiert 1912 den Wandervogel als das erotische Phänomen eines auf germanischer Basis erneuerten Männerbundes. 1913 gibt die Freideutsche Jugend auf dem Hohen Meißner die berühmte Parole aus: »Aus eigener Bestimmung, vor eigener Verantwortung, in innerer Wahrhaftigkeit das Leben gestalten und für diese innere Freiheit unter allen Umständen geschlossen eintreten.« Dem Rückzug auf die ›innere Freiheit‹ entspricht eine erschütternde politische Indifferenz, ja Unreife, die selbst der Expressionismus – eine jugendbewegte Kunstform in seinen Grundimpulsen – bis 1916/17 weithin teilte. Der Gegensatz zum jungen Schiller, Hegel, Hölderlin ist frappant: hier staatsbürgerlich sehr versierte, scharf denkende politische Köpfe, dort revolutionär sich gebärdende Jugend, deren naive Dynamik keine Ahnung von den Kräften hatte, die im Zeitalter der hochindustrialisierten Machtstaaten Europa und die Welt beherrschten. Harry Pross hat sehr unkon-

formistisch aufgezeigt, wie dieses politische Vakuum, mit Mythos angefüllt, in der Jugendbewegung nach 1918 einen immer
explosiveren Charakter angenommen hat. Die Leonard-Nel-
son-Richtung kam nicht zum Zuge. Immerhin war die Gesinnung einzelner der noch bestehenden Bünde antiautoritär genug, um von Hitler verboten zu werden. Sie suchte später im
Widerstands-Kreisauer-Kreis sittlich politische Vorbilder für
ein besseres Deutschland zu schaffen.

Es dürfte kein Zufall sein, daß die zwei Autoren, die den Ka-
dettenroman schon zwischen 1900 und 1906 zu einem Instrument der analytischen Erforschung des einzelnen und der
Gruppe entwickelt haben – Rilke und Musil –, österreichi-
scher Herkunft sind. Sie bringen von Haus aus den schärferen
Blick für die gesellschaftlichen Verflechtungen und die Sorge
um eine präzis nuancierte Diktion mit: statt Aufschrei und
Ausbruch eine wissende Distanz zu den Dingen, ein zugleich
behutsames und zähes Eindringen in sie.

Wildenbruchs ›*Edles Blut*‹, eine der vielgelesenen Novellen
ihrer Zeit (1893), ist sonor im Brustton der Überzeugung erzählt. Der Erzähler, ein pensionierter Oberst, vertraut beim
Dämmerschoppen in der stillen Wirtsstube einem Unbekannten ein Jugenderlebnis an.
 Zwei Brüder im Kadettenhaus. Der eine zart, der andere
derb. Derbe Begehrlichkeit verleitet den älteren zum Diebstahl an Kameraden. Das Vergehen kann nur im Rahmen der
Gemeinschaft gesühnt werden. Eine Art Femegericht tritt zusammen. Mit der genau festgesetzten körperlichen Züchtigung
durch die Kameraden ist die Ordnung wiederhergestellt: »Ein
Schuft, wer von der Sache noch ein Wort spricht.« Und nun
taucht einen Augenblick lang bei Wildenbruch jener besondere
Typ auf, der nicht um der Ordnung willen straft, sondern um
der Strafe willen, aus Lust am Peinigen. Die Kameraden wit-
tern die Kanaille und reißen ihm den Rohrstock aus der Hand.
Als er tags darauf dem Bestraften »Du bist ja doch nur ein
Dieb!« ins Gesicht schleudert, springt der kleine, zarte Bruder
auf ihn los, wird zurückgeschleudert und stirbt an einem Schä-
delbruch.
 Der Erzähler wischt sich die Augen, als er die Erschütterung

der Kadetten vor dem Leichnam ihres kleinen Kameraden schildert. Das Antreten zum Gebet vertieft die Gemeinschaft in Trauer und gefaßtem Stolz. Orgelmusik übertönt alle Dissonanzen. Vom Mörder wider Willen heißt es in *einem* Satz: »Ich weiß nicht, was aus ihm geworden ist – für mich war er nicht mehr da.«

Hindenburg hat in seinen ›Lebenserinnerungen‹ die Kadettenzeit ähnlich verklärt. Pflicht und Gewissen stimmen überein, die Welt ist heil, die Rechnung geht auf. Sie ging nicht auf. Der Typ des Kriegers mit Zivilehre bestand weiter, aber neben ihm wucherte immer massiver der andere Typ hervor, der – bei Wildenbruch an den Rand gedrängt – bei Rilke und Musil nach vorne rückt, lange bevor er zu einer Schlüsselfigur der Wirklichkeit wurde.

Es mag unfair erscheinen, Musil und Rilke gegen Wildenbruch auszuspielen. Sein Name vertritt hier eine Epoche. Storm hat mit mehr Talent die gleiche Technik der elegischen Rückversetzung gehandhabt.

»In seinen Augen war etwas Traumverlorenes, und indem er seine Hand mechanisch durch den langen grauen Bart strich, sah er aus, als stiegen aus der Flut der Jahre, die hinter ihm verrauscht waren, Gestalten auf, die jung gewesen waren, als er jung war.« Das ist von Wildenbruch. Es könnte von Storm oder von Conrad Ferdinand Meyer sein.

›Leiden eines Knaben‹ (1883) heißt die Novelle Meyers, die eine Querverbindung zwischen Schul- und Kadettengeschichte herstellt. Auch hier wird die Vergangenheit heraufbeschworen in einem unwahrscheinlichen Plausch zwischen dem gealterten Ludwig XIV., seiner fromm gewordenen Mätresse und dem skeptischen Leibarzt. Im Mittelpunkt ein Knabe, der Sohn des Polizeiministers, der in einer militärisch organisierten Jesuitenanstalt raffiniert zu Tode gequält wird.

Beim Zürcher Patrizier, Renaissance- und Bismarckverehrer mischen sich merkwürdig calvinistischer Haß auf Rom und Faszination durch die Macht. Er, der Schwache, Kranke, vom Wahnsinn Bedrohte, läßt seinen ebenso zarten schwachen Knaben lieber die Zähne zusammenbeißen als dem Vater die Intrigen der jesuitischen Verfolger offenbaren. Auf seine Weise stirbt er als Held. Die Fiebervision des Schlusses kulminiert im siegreichen Entrollen der Fahne auf einem imaginären Schlachtfeld.

Damit sind wir unmittelbar bei Rilke angelangt. Seine Kadettengeschichte ›Die Turnstunde‹, 1899 geschrieben, 1902 gedruckt, verarbeitet eigene Erlebnisse in den Militärschulen von St. Pölten und Mährisch-Weißkirchen. Es war eine grausame Prüfung, vom Vater in die Kadettenanstalt gesteckt zu werden, nachdem die exzentrische Mutter den Jungen jahrelang in Mädchenkleider gesteckt hatte. Das Robuste an Rilke ist, daß er, der Überwucherungsgefahr des Femininen in sich bewußt, immer wieder Schutz und Halt im männlichen Vorbild gesucht hat – bei Tolstoj, bei Rodin und zuvor schon in St. Pölten.

Auch sein Kadett beißt die Zähne zusammen und trotzt sich Leistungen ab. Die Identifikation mit dem Vater, dem Mann scheint plötzlich zu gelingen: Bei einem waghalsigen Seilklettern leistet der Junge mehr, als von ihm verlangt wurde. Statt des erwarteten Zuspruchs erntet er erstauntes Achselzucken und zuletzt eine Rüge. Der zu straff gespannte Bogen zerbricht, der Kadett sinkt um und wird tot weggetragen.

Es genügt, ein paar Sätze aus der Erzählung zu lesen, um den Klimawechsel zu spüren, der in der deutschen Prosa damals eingesetzt hat. Hart auf hart beginnt Rilke, ohne das betuliche und beschauliche Auswattieren der Vergangenheit wie bei Wildenbruch, C. F. Meyer und den anderen Repräsentanten der Bürgerzeit: »In der Militärschule zu St. Severin. Turnsaal. Der Jahrgang steht in den hellen Zwillichblusen, in zwei Reihen geordnet, unter den großen Gaskronen. Der Turnlehrer, ein junger Offizier mit hartem braunem Gesicht und höhnischen Augen, hat Freiübungen kommandiert und verteilt nun die Riegen.«

Der Schluß hatte bei Wildenbruch gelautet: »Als wir vom Speisesaal ins Kompanierevier zurückkamen, stand unser Hauptmann an der Tür des Kompaniesaals, wir mußten hineintreten, und da verkündete uns der Hauptmann, daß unser kleiner Kamerad heute abend eingeschlafen war, um nicht mehr aufzuwachen. Der Hauptmann war ein sehr guter Mann – 1866 ist er als ein tapferer Held gefallen –, er liebte seine Kadetten, und als er uns seine Mitteilung machte, mußte er sich die Tränen aus dem Bart wischen. Dann befahl er, daß wir alle die Hände falteten; einer mußte vortreten und laut vor allen das Vaterunser sagen. – Der Oberst neigte das Haupt: ›Damals zum ersten Male‹, sagte er leise, ›habe ich gefühlt, wie schön eigentlich das Vaterunser ist.‹«

Bei Rilke dagegen heißt es: »›Antreten!‹ krächzt der Feldwebel böse, und gleich schreien jetzt die anderen Unteroffiziere ihm nach: ›Antreten.‹ Und da geht auch schon die Kammertür auf; eine Weile nichts; dann tritt Oberleutnant Wehl heraus, und seine Augen sind groß und zornig und seine Schritte fest. Und jetzt das Kommando: ›Achtung!‹ Pause, und dann, trocken und hart: ›Euer Kamerad Gruber ist soeben gestorben. Herzschlag. Abmarsch!‹

Ohne Schritt und langsam wendet sich der Jahrgang zur Tür. Jerome als der letzte. Keiner sieht sich um. Die Luft aus dem Gang kommt, kalt und dumpfig, den Knaben entgegen. Einer meint, es rieche nach Karbol. Pombert macht laut einen gemeinen Witz in bezug auf den Gestank. Niemand lacht. Jerome fühlt sich plötzlich am Arm gefaßt, so angesprungen. Krix hängt daran. Seine Augen glänzen, und seine Zähne schimmern, als ob er beißen wollte. ›Ich hab ihn gesehen‹, flüstert er atemlos und preßt Jeromes Arm, und ein Lachen ist innen in ihm und rüttelt ihn hin und her. Er kann kaum weiter: ›Ganz nackt ist er und eingefallen und ganz lang. Und an den Fußsohlen ist er versiegelt . . .‹ Und dann kichert er, spitz und kitzlig, kichert und beißt sich in den Ärmel Jeromes hinein.«

Man stelle sich die Schockwirkung einer solchen Stelle auf das Publikum der Plüsch- und Plauschzeit vor. Als Provokation mußte erscheinen, was noch glasdünn war, in seiner nervös ironischen Getupftheit sehr zerbrechlich, aber doch ein erster Ansatz, die Dinge aus der Dumpfheit der Konvention zu lösen, sie transparenter, wahrer und zugleich härter zu machen. Harden brachte die Erzählung in der ›Zukunft‹.

Freilich sitzt die Ambivalenz so tief bei Rilke, daß gleichzeitig mit der ›Turnstunde‹ ein ganz anderes Werk entstehen konnte: der erste Entwurf zum ›Cornet‹. Statt der Abrechnung mit dem Kadettenhaus seine Verherrlichung.

Was ist der ›Cornet‹ anders als ein lyrischer übersteigerter Bruder des Zarten, Schwachen von C. F. Meyer, der zum Helden stilisiert auf dem Schlachtfeld die Fahne hochhält? Generationen von Lesern haben sich an dieser Fahne berauscht:

»Und sie wirft sich hinaus und wird groß und rot . . . Da brennt ihre Fahne mitten im Feind, und sie jagen ihr nach . . . Aber, als es jetzt hinter ihm zusammenschlägt, sind es doch wieder Gärten, und die sechzehn runden Säbel, die auf ihn zuspringen, Strahl um Strahl, sind ein Fest. Eine lachende Wasserkunst.«

Das führt über Meyer hinaus zu Maurice Barrès, d'Annunzio und den untergangsreifen Parklandschaften des Symbolismus. Die Todes- und Erosthematik des europäischen Fin de siècle wird mit den Mitteln des deutschen Jugendstils gestaltet. Der ›Cornet‹ selber ist Wesensausdruck einer Jugend geworden, die zwischen Zupfgeigenhansel und Walter Flex aufwuchs und in rauschhaftem Aufbruch den Weg vom Hohen Meißner nach Langemarck ging: todentschlossen fürs bedrohte Vaterland, aber immerhin den Feind noch respektierend.

In Frankreich hat für die gleiche Generation der ›Grand Meaulnes‹ (›Der große Kamerad‹), 1913, von Alain Fournier eine ähnliche Rolle gespielt mit einem ähnlichen Thema des Aufbruchs, der Liebe, der Reinheit und des Untergangs.

Rilke war inzwischen längst über den ›Cornet‹ zum ›Malte‹ fortgeschritten, von Gustav Klimt und Heinrich Vogeler zu Cézanne vorgedrungen. Der Stilwandel, der sich 1899 in der ›Turnstunde‹ ankündigt, ist in der neuen Prosa von 1907/08 vollzogen.

Und wenn in den ›Fünf Gesängen‹ vom August 1914 der Krieg in der ersten Wallung des Exkadetten als Einbruch einer jenseitigen erhabenen Macht gefeiert wird, die den einzelnen über sich hinausreißt (›Heil mir, daß ich Ergriffene sehe‹), so entfaltet sich am Schluß eine andere Fahne: »Welche? Des Schmerzes, die Fahne des Schmerzes, das schwere schlagende Schmerztuch.« Die Assonanzen des letzten Verses verdeutlichen, was man das Melodiös-Machen des Schmerzes bei Rilke nennen könnte, sein Sichhineinwühlen in den Schmerz, eine vom späten neunzehnten Jahrhundert bestimmte Form des Dolorismus, dessen weltanschauliche Formel lautet: »Noch der Schmerz hat seinen Jubel.«

Aber der Weg nach Duino ist angetreten, und bewundernswert bleibt das stets erneute, asketische Ringen um die letzte Reinheit. Der Fünfzigjährige fühlt sich ausgesetzt auf den

Bergen des Herzens wie der Fünfzehnjährige in der Kadettenschule.

Dieselben österreichischen Kadettenschulen, auf denen Rilke versagt hatte, absolvierte Musil von 1892–1897 mit brillanten militärischen und geistigen Leistungen.

›*Die Verwirrungen des Zöglings Törless*‹ sind der ›Militärroman‹, den Rilke skizziert und den zu schreiben ihm die ›innere Kraft‹ gefehlt hatte – »diese Gesellschaft von Knaben in ihrer ganzen Roheit und Entartung, in dieser hoffnungslosen und traurigen Heiterkeit . . . Eine schreckliche Gesamtheit, die wie ein fürchterliches Wesen wirkt«. (Tagebuch, 1899.)

Musil begann mit dem Entwurf seines Buches als Diplomingenieur auf der Technischen Hochschule in Stuttgart, wo er zur selben Zeit einen noch heute gebräuchlichen Farbkreisel erfand. Der Erfolg des Romans – für den in der Berliner Presse Alfred Kerr sich einsetzte – war so ungewöhnlich stark, daß Musil das Wagnis einer rein literarischen Laufbahn einging.

Sein Leben wird von da an ein Ringen um Gestaltung in einer immer anachoretischeren Einsamkeit. Gewiß, Musil war nicht wie Rilke von den Phantasmen einer hysterischen Mutter – einer Madame Bovary aus Prag – infiziert, in deren Geist der Dichter sich bis zuletzt adlige Vorfahren andichtete, die nicht existiert haben. Musil durfte sich ›Edler von‹ schreiben und verzichtete darauf. Alles ist bei ihm präzis, scharf, von einer gewissermaßen gläsernen Helle. *Sein* Problem hieß, den Ausgleich zu finden zwischen Intelekt und Phantasie. Einen Roman wie den ›Törless‹ schreiben zu können und gleichzeitig fachmännisch fundierte Abhandlungen über ›Dampfmaschinen im Kleingewerbe‹, bedeutete ebensoviel Belastung als Gnade.

Die Ausbalancierung zwischen kritischem Geist und Imagination ist bei Musil schwieriger sogar als bei Thomas Mann – von Marcel Proust gar nicht zu reden, dessen Riesenroman noch aus dem vollen schöpft, aus dem die Welt in einem Farbfeuer verklärenden Impressionismus, dieser letzten geschlossenen Kulturform Frankreichs vor den Umwälzungen des Weltkriegs. Musils Buch ist im Gegensatz dazu ein so spröder

Neubeginn wie die Zwölf-Töne-Technik Schönbergs in Wien oder der Frühkubismus in Paris – immer in derselben, für die spätere Formentwicklung grundlegenden Jahresspanne 1906 bis 1914. Der ›Törless‹ knüpft im ersten Kapitel an eine andere Kadettengeschichte Rilkes, den später verleugneten ›Pierre Dumont‹ (1894), an, wo der Junge ebenfalls von der Mutter in die Anstalt begleitet wird: Sentimentalität in konventioneller Sprache. Nicht umsonst hat Ganghofer Rilkes damalige Prosa an die ›Gartenlaube‹ zu vermitteln versucht. Gehobene Ganghoferei findet sich selbst noch im ›Cornet‹.

Im Mittelpunkt des ›Törless‹ steht wie bei Wildenbruch der Diebstahl an Kameraden und seine Bestrafung durch die Kameraden.

Die Selbstjustiz als Leitmotiv der Kadettengeschichten ist kein Zufall: erst mit einer spezifischen Rechtsordnung ist eine Gruppe als solche konstituiert und ausgewiesen. Auch Schillers ›Räuber‹, dieses Musterbeispiel einer Bandenbildung, rücken das Problem der neuen Rechtsordnung an die zentrale Stelle.

Bei Wildenbruch war die Genossenschaft gleichberechtigt in allen ihren Gliedern zum Urteil zusammengetreten. Bei Musil haben zwei Rädelsführer, Reiting und Beineberg, die Macht an sich gerissen und urteilen willkürlich, als Despoten. Törless wird durch Zufall Zeuge einer Szene, wo sie den beim Diebstahl ertappten Basini zum Sklaven degradieren und ihn sich zunächst einmal sexuell hörig machen.

»Die Triebgrundlagen des Dritten Reiches habe ich bereits im ›Törless‹ vorweggenommen«, schreibt Musil selber einmal. Stellen wie die folgende wiegen die späteren psychiatrischen Gutachten auf, decken sich mit den Geständnissen von KZ-Leitern.

Basini, das Opfer, berichtet Törless über seinen sadistischen Peiniger Beineberg:

»›Ja, er ist sehr freundlich zu mir. Meist muß ich mich ausziehen und ihm etwas aus Geschichtsbüchern vorlesen; von Rom und seinen Kaisern, von den Borgias, von Timur Chan –, na, du weißt schon, lauter solch blutige, große Sachen. Dann ist er sogar zärtlich gegen mich ... Und nachher schlägt er mich meistens ...‹

›Wonach?!! ... Ach so!‹

›Ja. Er sagt, wenn er mich nicht schlagen würde, so müßte er glauben, ich sei ein Mann, und dann dürfte er mir gegenüber auch nicht so weich und zärtlich sein. So aber sei ich seine Sache, und da geniere er sich nicht.‹«

Dreiundzwanzig Jahre war Musil alt, als er diese Analysen niederschrieb. Nur Otto Weininger, ein anderer Wiener, hat im gleichen Alter ähnlich tief gelotet, allerdings in einer überhitzten, gewissermaßen schwulen Form, die den Selbstmord schon vom Stil her mit einbeschließt. Musil besitzt die kristallene Schärfe Freuds.

Aber auch eines weicheren Mittelsmanns muß gedacht werden: des zu Unrecht vergessenen Arthur Schnitzler, von dem wenigstens ›Leutnant Gustl‹ in diesem Zusammenhang genannt sein muß als einer der entscheidenden Prosatexte des frühen zwanzigsten Jahrhunderts.

Der Sadismus eines brutalen Machtmenschen war bei Wildenbruch wenigstens als latente Möglichkeit am Rand notiert. Mit den drei anderen Hauptgestalten seines Romans stieß Musil in Neuland vor und machte dreierlei sichtbar: die sexuelle Komponente des Machttriebes bei Beineberg; die Lustquote, die Basini, das Opfer, in der Erniedrigung findet; die Ansteckungsgefahr selbst für den scheinbar immunen Törleß, der moralisch, geistig, physisch angeekelt ist und dennoch übermannt wird, als Basini in sein Bett steigt und sich ihm in masochistischer Unterwürfigkeit anbietet. Törleß muß durch diese Selbstentfremdung hindurch, er muß die äußersten Grenzen seines Wesens abstecken lernen mit immer neu auftauchendem Zweifel, Widerspruch, Mangel an Identität mit der Welt. Das Grundthema des Buches ist der Versuch einer geradezu cartesianischen Ichfindung oder, wie Musil es einmal formuliert hat, der »Gründung eines Selbstbewußtseins«.

Die Lehrerkonferenz am Schluß des Romans knüpft an ›Frühlings Erwachen‹ an und führt weiter darüber hinaus. Bei Wedekind ist das Verhalten der Lehrer so karikaturistisch wie ihre Namen: Rektor Sonnenstich, Professor Affenschmalz, Knüppeldick, Hungergurt, Knochenbruch, Zungenschlag, Fliegentod. Musils ironische Mittel sind subtiler und vor allem seine soziale Analyse tiefer als die des wilhelminischen Bürgers und Bürgerschrecks Wedekind, dessen anarchistische Revolte mit der Verehrung des starken Mannes Hand in

Hand ging und im Bismarck-Drama von 1916 seine nur
scheinbar paradoxe Krönung fand.

Als Törless erfahren hat, daß die beiden Sadisten aus Wut
auf den unsicher gewordenen Basini die ganze Klasse dazu
angestiftet haben, den ›Dieb‹ nachts an ein Bett gebunden mit
Florettklingen durchzupeitschen, bringt er das plötzlich in To-
desangst wimmernde Opfer dahin, Anzeige beim Direktorium
zu erstatten. Törless selbst ergreift am nächsten Tag die Flucht.
Wie könnte er sich den Lehrern gegenüber verständlich machen, wie ihnen erklären, daß ihn an der ganzen Episode »ein
Vorgang in meinem Gehirn interessierte, ein Etwas, von dem
ich heute trotz allem noch wenig weiß und vor dem alles, was
ich darüber denke, mir belanglos erscheint«?

Törless wird zurückgebracht und separat vom Direktor, dem
Klassenvorstand, dem Religionslehrer und dem Mathematik-
professor verhört. Seine Scheu ist plötzlich gewichen. »Es
reizte ihn förmlich, von sich zu sprechen und seine Gedanken
an diesen Köpfen zu versuchen.« Als er gefragt wird, warum
er zur Verfolgung Basinis geschwiegen habe, antwortet er:
»›Ich weiß es nicht genau, Herr Direktor. Als ich das erste
Mal davon hörte, schien es mir etwas ganz Ungeheuerliches
zu sein . . . etwas gar nicht Vorstellbares . . . Ich . . . ich dachte
an Basinis Seele . . .‹ Der Religionslehrer strahlte über das
ganze Gesicht, der Mathematiker putzte seinen Klemmer,
rückte ihn zurecht, kniff die Augen zusammen . . . ›Er ist wirklich so eigentümlich, daß ich beinahe glaube, er hat Anlage
zum Hysteriker‹, sagte der Mathematiker zu seinem Nachbarn.«

Musil nimmt nicht nur die Welt von 1913, sondern auch die
von 1945 vorweg. Die Sadisten‹ zeigen sich als Meister im Vertuschen der Verbrechen.

»Sie wälzten alle Schuld auf Basini, und die ganze Klasse
bezeugte es Mann für Mann, daß Basini ein diebischer, nichts-
würdiger Kerl sei, der den wohlmeinendsten Versuchen, ihn
zu bessern, nur mit neuen Rückfällen antwortete.

Reiting beteuerte, daß sie ja einsähen, gefehlt zu haben, es
aber nur deswegen getan hätten, weil ihnen ihr Mitleid sagte,
man solle einen Kameraden nicht eher der Strafe ausliefern,
als man alle Mittel gütlicher Belehrung erschöpft habe, und
wieder schwur die ganze Klasse, daß Basinis Mißhandlung

nur ein Überschäumen war, weil Basini den ihn aus den edelsten Empfindungen Schonenden mit größtem, gemeinstem Hohne begegnet war.«

Törless wird auf unbestimmte Zeit als schonungsbedürftig den Eltern zurückgegeben. »Seiner Mutter, die geglaubt hatte, einen überreizten und verwirrten jungen Menschen zu finden, fiel seine kühle Gelassenheit auf.« Sie fahren am Haus einer Prostituierten, Bozena, vorbei, mit der Törless vergebens versucht hatte, sich in ein Abenteuer einzulassen – Ekel hatte ihn überwältigt, »er konnte seine Mutter nicht vergessen«. Basinis Schönheit war ihm um so verführerischer entgegengekommen.

Der Roman schließt: »Er betrachtete verstohlen von der Seite seine Mutter. ›Was willst du, mein Kind?‹ – ›Nichts, Mama, ich dachte nur eben etwas.‹ Und er prüfte den leise parfümierten Geruch, der aus der Taille seiner Mutter aufstieg.«

Der provokante letzte Satz des Buches führt nicht nur über Rilkes ›Turnstunde‹ hinaus – er gibt zugleich Rilkes mißglücktem ›Pierre Dumont‹ die adäquate neue Gestalt mit neuen sprachlichen und geistig-seelischen Mitteln.

Schiller hat als Karlsschüler eine ähnliche Kadettenerziehung durchgemacht und eine Periode der Selbstentfremdung gekannt, über die an anderer Stelle ausführlich zu berichten sein wird. Kleist und Platen wären als weitere illustre Zeugen heranzuziehen. Musils Roman hat bei aller Verschiedenheit des inneren Tempos mit Kleists bohrender Schärfe mehr zu tun als die vulkanischen Ausbrüche der Frühexpressionisten.

Die kompromißlose Größe des Werkes läßt die kokettierende Versiertheit der ›Kadetten‹ Ernst von Salomons um so stärker hervortreten. 1933 erschienen, spielt der ebenfalls autobiographische Roman von 1913–1919 im Karlsruher Kadettenhaus, wo auch Göring kurz zuvor Kadett gewesen war: das Buch gehört zum Dritten Reich wie Wildenbruchs Erzählung zur Hohenzollernzeit.

Eine zentrale Stelle ist die, wo der Hauptmann die Fünfzehnjährigen mit den Worten empfängt: »»Meine Herren, Sie haben von nun an keinen freien Willen mehr, denn Sie müssen gehorchen lernen, um später befehlen zu können.‹« Die Identifikation mit dem Mächtigen, Starken, Harten wird so weit getrieben, daß die Zivilisten, die im Krieg als humanere Lehrer die Offiziere ersetzen, verachtet, gehaßt, verfolgt werden und sich innerhalb der Klasse ein Kreis der ganz besonders Starken bildet, dessen Brutalität und Folterungsmethoden einige unter den Schülern fast in den Tod treiben. Das Buch endet mit einem Parademarsch vor Ludendorff im März 1920. Die Kadettenschulen sind aufgelöst. »Ihr Geist wird weiterleben«, schließt Salomon. Man weiß, wie aus diesem Geist heraus Walther Rathenau als Inkarnation des verbrecherischen Juden, Intellektuellen und Zivilisten ermordet worden ist.

Musil hat im ›Mann ohne Eigenschaften‹ Rathenau unter dem Namen Arnheim durchleuchtet und subtil parodiert als Technokraten, der Philosoph sein will, als Industriellen, der den Schöngeist spielt. Bei der physischen Auslöschung Rathenaus hat Ernst von Salomon Mithilfe geleistet. Sein Roman ›Die Geächteten‹ ist ein Rechenschaftsbericht über den politischen Mord.

Döblin hat das Buch gelobt, Sartre hat es gelesen. Die innere und äußere Struktur einer Gruppe von Ausgeschlossenen ist scharf beobachtet. Gemessen an den gleichzeitigen politisch-sozialen Romanen von Malraux, Hemingway, Faulkner bleibt das Werk in den Ansätzen stecken. Die feuilletonistische Wendigkeit ist noch ausgeprägter in den ›Kadetten‹. Hier wird mit dreißig Jahren Verspätung dem Publikum Vulgärfreudianismus schmackhaft gemacht unter Umgehung von peinlicheren Szenen und Tarnung des Sadismus als Forschheit. Stellen daraus sind in die Lesebücher von heute übergegangen. Weitverbreitete Literaturführer preisen das Buch als »Verherrlichung einer alten, ruhmreichen Tradition«, als »ein Lob harter Erziehung zu Anspruchslosigkeit und Pflichterfüllung durch tüchtige Erzieherpersönlichkeiten«. Der Stil solcher Urteile beantwortet die Frage nach der weltanschaulichen Ausrichtung ihrer Verfasser.

»Viele Eltern und Lehrer sehnen sich heute nach der alten, mehr oder weniger militärischen Erziehungsweise zurück«, hatte 1924 ein anderes Kadettenbuch begonnen, das seit Jahrzehnten unauffindbar ist: ›*Kindheitserinnerungen aus meinen Kadettenjahren*‹ von Leopold von Wiese. Der Verfasser des autobiographischen Berichts ist 1887 als Sohn einer Hauptmannswitwe in die preußische Kadettenschule Wahlstatt eingetreten, kurz bevor Rilke und Musil österreichische Kadetten wurden. Sein Buch schließt:

»Das, was man sittlichen Idealismus nennt, habe ich in den Gruppen von Kadetten kaum je gefunden. Sicherlich war im allgemeinen der einzelne besser als die Gemeinschaft. Die Fesselung alles Persönlichen, die völlige Seelenlosigkeit des Verkehrs drückten die Gruppe auf einen denkbar tiefen Stand von Stumpfsinn und Interesselosigkeit. Was an Zartheiten nicht durch Gewalt zerquetscht wurde, das wurde durch Hohn und Spott hinweggeschwemmt.«

Wie in Rilkes ›Turnstunde‹ ist der Klimmzug der Maßstab der Tüchtigkeit. Wie bei Salomon werden die Zivillehrer maßlos verachtet, weil sie ohne Strafbefugnis sind. Wie bei Wildenbruch stirbt der Zartere, Schwächere unter der grausamen Zucht. Wie bei Musil reißt eine sadistische Gruppe die Macht an sich und läßt die übrigen nur existieren, »wenn sie den Weg des Sklaven beschreiten«. Homosexuelle Züge hat der Erzähler dabei nicht in den Vordergrund treten sehen. »Der Machttrieb genügte sich selber.«

»Meine Lehrzeit in der Soziologie«, schreibt Leopold von Wiese, »ist die Kadettengemeinschaft gewesen.« Der sachliche Bericht entmystifiziert die Dinge, indem er sie nennt. Die körperliche Züchtigung durch die versammelten Kameraden heißt im Kadettenjargon ›die Rutsche‹ oder ›die glatte Lage‹, »ein Überbleibsel der mittelalterlichen Tortur mit einer Abschattung ins Massenpathologische oder in die Lynchjustiz«.

Die Anknüpfung ist damit gegeben an die Entwicklung ähnlicher Gruppengebilde unter anderen sozialen Formen: Banden von halbkriminellen Pariser Gymnasiasten bei Cocteau (›Les enfants terribles‹) und André Gide (›Die Falschmünzer‹) schon vor dem Ersten Weltkrieg. Die Würzburger Klippschüler in Leonhard Franks ›Räuberbande‹ von 1914 wirkten rüpelhaft provinziell gegenüber dem raffinierten Peinigungssystem der französischen Schülerbanden. Diese wiederum erscheinen bei aller Perversion zumintest intellektuell interessant im Vergleich zum internationalen Phänomen der Banden von Halbstarken nach dem Zweiten Weltkrieg.

An die Stelle der zu rigorosen Vaterautorität ist das Fehlen von Vater und Autorität als sozialpsychologische Grundtatsache getreten. Daß der Mangel an Zucht so verheerend sein kann wie ihr Übermaß, beginnen heute auch die amerikanischen Erzieher einzusehen, die der Massensuggestion eines falschverstandenen, radikalisierten Freudianismus erlegen waren. Ohne die strenge Zucht seiner rabbinischen und bürgerlichen Vorfahren wäre Freud kein so siegreicher Rebell geworden.

Leopold von Wieses Erfahrungen im Kadettenhaus bestätigen die gleichfalls autobiographischen Berichte von Ludwig Renn und Fritz von Unruh. Gustav Hillard wäre im gleichen Zusammenhang zu nennen, literarische Gestaltungen des Themas bei Axel Lübbe, Franz Blei, Doderer anzuführen, ausländische Schriftsteller heranzuziehen: Vigny für Frankreich, wo das Kadettenthema sonst so überraschend wenig Gestalter gefunden hat. Englands Literatur ist reich an Peinigern jeder Art; Shelley dürfte hier nicht fehlen mit seiner Verfluchung der typisch angelsächsischen Internate. In Rußland müßte ›Das Kadettenkloster‹ von Lesskow (1880) mit an erster Stelle stehen, noch vor Kuprins ›Kadetten‹ (1905). Ein paar Jahre vor Wildenbruchs ›Edlem Blut‹ erschienen, hat Lesskows Schilderung des Petersburger Kadettenlebens zwischen 1822 und 1826 nicht nur ein ganz anderes literarisches Niveau. Die Sozialkritik besitzt darin eine Schärfe, die den deutschen Schriftstellern von Wildenbruch bis Salomon fehlt und bei Lesskow auf der gesellschaftsanalytischen Tradition des russischen Romans aufbaut. Einer der vier Kadettenerzieher, die wie bei Wildenbruch als streng, aber im Grunde gemütsvoll verklärt werden, riskiert Beruf und Freiheit, indem er geflüchtete Anhänger des Dekabristen-Aufstandes beschützt und von einem Spitzel der Regierung denunziert wird. In welche Tiefe anderseits Dostojewskij bei der Darstellung der Kadettenerziehung und darüber hinaus des Strafsystems schlechthin eingedrungen ist, bezeugt in unserem Zusammenhang am besten ein Selbstbericht Rilkes aus dem Jahr 1920: in den ›Memoiren aus einem Totenhause‹ habe er mit Schaudern das Bagno seiner eigenen Kadettenzeit wiedererkannt.

Mit einem dritten österreichischen Dichter sei geschlossen – mit Kafka. Seine um 1914 entstandene ›*Truppenaushebung*‹

ist keine Kadettengeschichte im strengeren Sinn – und doch schließt die kurze Skizze bewußt oder unbewußt an den ›Törless‹ von Musil an. Die beiden Dichter sind sich kaum begegnet und haben sich immer wieder in merkwürdiger Distanz umkreist. Eine der frühesten und tiefsten Analysen von Kafkas Werk stammt aus Musils Feder. Und Kafkas Offizier in der ›Truppenaushebung‹ scheint uns der zum Leutnant ausgewachsene Kadett Reiting aus dem ›Törless‹ zu sein.

Auch Kafkas Schilderung nimmt aufs unheimlichste eine besondere Art von späterem ›Führertum‹ voraus: »Er ist ein junger Mann, schmal, nicht groß, schwach, nachlässig angezogen, mit müden Augen. Unruhe überläuft ihn immerfort, wie einen Kranken das Frösteln. Ohne jemand anzuschauen, macht er mit einer Peitsche, die seine ganze Ausrüstung bildet, ein Zeichen.« Ein paarmal läßt er sie fallen, halb in Erschöpfung, halb in Widerwillen. Seine Opfer müssen dann herbeispringen und sie aufheben, ehe sie wieder in Reih und Glied zu den andern treten.

Das Ziel der Truppenaushebung bleibt unbekannt. Man ahnt nur: keiner kommt zurück. Ein fremdes Mädchen meldet sich freiwillig an Stelle ihrer Angehörigen. Das Opfer wird nicht angenommen. Der Offizier spricht kein Wort dabei. Er blickt kaum auf. Kafka schließt abrupt: »Sie flüchtet zitternd und geduckt aus der Tür und bekommt noch einen Faustschlag des Soldaten in den Rücken.«

Wilhelm Emrich hat in seinem großen Kafkabuch diese Szene mit dem Opfergang der Jungfrau von Orleans und Käthchens von Heilbronn konfrontiert: beide werden zunächst abgewiesen, gefoltert oder geschändet und zuletzt doch erhört. Bei Kafka ist der Sturz in die Tiefe unwiderruflich.

In einer zweiten Erzählung Kafkas ›Die Strafkolonie‹ ist der Leutnant zum Oberst avanciert. Er hat eine Torturmaschine erfunden, die das Opfer langsam tötet und ihm dabei gleichzeitig das Urteil in die Haut ätzt. Eine zivilere Epoche ist eingetreten, die Maschine soll abgebaut, der Kommandant abgelöst werden. Das Leben hat für ihn damit den Sinn verloren. Auch er versteht die Welt nicht mehr. Er legt sich unter die Maschine, die in Trümmer geht. »Ich will ein Hundsfott sein, wenn ich das zulasse«, ruft in einer späteren Variante zum Text der Reisende aus, dem der Bericht zugeschrieben wird. Und schon kriecht er auf allen vieren – nicht anders als Basini, der im ›Törless‹, zum Tier degradiert, als Tier auf dem Boden winselte.

»Die Erzählung ist peinlich«, schrieb 1916 der Verleger Kurt Wolff an den Dichter. Kafka antwortete: »Die Zeit ist peinlich.«

Die ›Strafkolonie‹ spielt nicht in Europa. Man mag an Cayenne denken, warum nicht auch an Algerien. Das reißt Aspekte auf, die uns weit hinausführen über die längst aufgelösten österreichischen oder preußischen Kadettenhäuser zu anderen Gruppenbildern, deren innere Struktur unter bestimmten Verhältnissen und beim Fallen der konventionellen moralischen Schranken dieselben sadistischen Wucherungsmöglichkeiten in sich tragen. Zwei oder drei große Filme der amerikanischen Avantgarde haben das mit unerschrockener Eindringlichkeit in der drakonischen Heranzucht gewisser Kampftruppen aufgezeigt. Französische Schriftsteller haben mit dem gleichen Mut die plötzliche explosive Ballung des Sadismus im Algerienkrieg nicht nur bei Fremdenlegionären und Fallschirmjägern, sondern in geschlossenen Gruppen von Zivilisten – darunter besonders viel Halbwüchsigen – dokumentarisch belegt.

Die ›Stahlgewitter‹ von Ernst Jünger hat der französische Marschall Juin vor kurzem mit einem Vorwort beehrt. Es ist nicht anzunehmen, daß er auch einmal Kafka bevorworten wird. Tatsachenberichte über Strafkolonien und Torturverfahren wurden jahrelang von der IV. wie von der V. Republik als ordnungswidrig eingestampft.

Russische Marschälle dürften Kafka und Konsorten mit nicht weniger Reserve begegnen, und im Riesenreich China wird zersetzende Literatur nicht geduldet. Wildenbruchs robust offiziellem Optimismus wäre hier eher ein Platz gesichert. Kafka hat sich bei uns durchgesetzt, aber in einem Großteil der Welt ist sein Prozeß noch immer in der Schwebe.

Wir sind damit zur Ausgangssituation zurückgekehrt: Kafka, sein Leben lang von den Mächtigen erdrückt, hält im Sterben sein Werk, das diese Erdrückung gestaltet, für unfähig, ja unwürdig, zu überleben. Ein Freund rettet es.

Musil stirbt dreißig Jahre später eine Art von Kadettentod: er wird vom Hirnschlag getroffen bei einer zu harten turnerischen Leistung, wie er sie sich seit seiner Kadettenzeit täglich abverlangte. Sein früher Ruhm war längst zerbröckelt und das Werk ein Torso – ein ungesicherter Schotterhaufen. Riesengroß war die Macht der Reiting und Beineberg angewachsen, ihr Schatten lag über ganz Europa, sie saßen ihm hart auf den Fersen in seinem letzten Asyl, der Schweiz, wo jeder ausrangierte Trambahnschaffner sein Eigenheim hat und wo Musil gestorben ist mit einem Almosen in der Tasche und sieben Leidtragenden am Grab.

Literaturgeschichte ist erregend und beklemmend wie ein Märchen. In ›Tausendundeiner Nacht‹ fehlt aber selbst in tragischer Situation die komische Person nicht. Die Rolle kommt hier dem k. k. Generalmajor a. D. Sedlakowitz zu. Er ergreift im Herbst 1920 die Feder, um sich dem Ex-Kadetten Rilke als sein früherer Deutschlehrer in geneigte Erinnerung zu bringen. Man glaubt, den pensionierten Major aus Wildenbruchs Erzählung in persona aufleben zu sehen, wenn man seine verklärte Erinnerung an die Jahre in der Anstalt liest, wo der Lehrer in Rilke zwar den schlechten Turner gerügt, den Bücherwurm jedoch gebilligt habe mit leisem, aber wohlwollendem Spott über »die gar zu phantasievollen und weitschweifigen Aufsätze des Zöglings«. Und so freut er sich denn am Schluß, »daß ich Ihnen, dem edlen Dichter, der uns einen so reichen Schatz echter Poesie geschenkt hat, auf Ihrem Lebenspfad in goldener Jugendzeit begegnet bin. Mit treuem Gruß und Handschlag Ihr ergebener Sedlakowitz, Generalmajor.«

Ganz abgesehen von seiner Bedeutung für die stilistische Kenntnis des jungen Rilke (sein Metaphernnetz deckt sich zunächst weitgehend mit dem des Lehrers), rührt dieser Brief an ein Grundproblem, das die Fachwissenschaft als nicht zu ihrem Ressort gehörig fast immer beiseite schiebt: die Frage nach dem Verhältnis des Kunstwerks zur realen Wirklichkeit.

So schlimm ist es ja gar nicht gewesen, schreibt der Erzieher, und Rilkes Biograph und Schwiegersohn zieht das erstaunliche Fazit: bei weniger übersteigerter Sensibilität hätte sich der Dichter schon in St. Pölten abhärten können, statt diese ›Härte‹ nach vielen Umwegen erst in dem ›Duineser Elegien‹ zu erwerben. Die Deutung überrascht um so mehr, als Carl Sieber zusammen mit dem Brief des Generalmajors die Antwort Rilkes abdruckt: schärfer und eindeutiger könnte die Absage an die Kadettenhauszeit nicht sein. Sie wird verflucht als »eine gewaltige Heimsuchung«, »ein Abgrund unverschuldeter Not«, »ein unübersehliches Leidwesen, so völlig grausam, ohne eine einzige Milderung«, »eine einzige fürchterliche Verdammnis« (9. 12. 1920). Fünf Jahre früher an die Fürstin von Thurn und Taxis: »ein ABC des Terrors«.

Musil, ähnlich zusammenfassend über die Kadettenschule in Mährisch-Weißkirchen: »Sie war etwas Teuflisches.«

Wo liegt die Wahrheit? Liegt sie bei H. E. von Besser, der in seiner Wahlstätter Kadettennovelle (1942) schreibt: »Ein halb Dutzend Klimmzüge, wenn dich der Koller packt – später lachst du mal drüber!« Liegt sie bei Alfred Döblin, wenn er über seine Schule urteilt: »Sie war ein Zuchthaus«? Oder bei einem andern Stettiner, dem Chirurgen Carl Ludwig Schleich, der die Schuljahre im Titel seiner bekannten Memoiren ›Besonnte Vergangenheit‹ einbegreift?

Den wenigsten Lesern dürfte in ihrem eigenen Leben ein so fürchterlicher Schultyrann begegnet sein wie ›Professor Unrat‹ (1906) von Heinrich Mann. Viel eher werden die Lehrer im Gedächtnis der meisten auf die nuanciertere, bei allem ›goldenen Humor‹ sympathische Art weiterleben, die dem ›Gymnasium zu Stolpenberg‹ (1891) und andern Stettiner Schulgeschichten Hans Hoffmanns so lange die Popularität gesichert hat. Ganz zu schweigen von dem bayrisch-urwüchsigen Abreagieren aller Schul- und Elternkomplexe in Ludwig Thomas klassischen ›Lausbubengeschichten‹ (1904).

Und doch sind Heinrich Manns Professor, Rilkes Kadettenerzieher, Musils Kadetten Reiting und Beineberg etwas ganz anderes als das Produkt morbider Ästheten oder aggressiver Kaffeehausliteraten. Die Dichter haben, eigene Erlebnisse wie in einem Alpdruck übersteigernd, latente Möglichkeiten der Entwicklung visionär vorweggenommen. Die Forschung reserviert zu ausschließlich den Titel eines Visionärs mystischen Deutern des Jenseits wie Novalis, Hölderlin und andern Kronzeugen des ›Sehertums‹. Selbst ihre Visionen sind viel stärker den sozialen und politischen Fakten der jeweiligen Epoche verhaftet, als man es wahrhaben will – um wieviel mehr ein Musil, ein Heinrich Mann! Abgesondert von den andern lebten sie dahin (›Am Leben hin‹ heißt, vielleicht im Anschluß an Büchner, ein Prosaband des jungen Rilke) – und doch wußten sie mehr vom Leben als die massiv und normal Drinstehenden. Sie hatten Normen der Zukunft erschaut. Mit der Präzision, die die Physiker für ihre Ferngeschosse zu errechnen imstande sind, haben sie haarscharf die Stelle getroffen, wo der Wurm im Apfel saß, wo ein furchtbarer Krebs sich zu bilden im Begriff war. Die scheinbar Wehleidigen sind die unbestechlichsten Zeugen der noch verborgenen Wahrheit gewesen.

Das Erschütternde ist, daß diese Gestalten der Phantasie, geheimnisvoll weiterwuchernd, 1933 zu Schlüsselfiguren werden, die Kultur von ganz Europa in die Knie zwingen, Millionen in den Tod treiben konnten und nun, längst wieder zivil geworden und verspießert, auch das Grauen der Vergangenheit verharmlost, ausgeflickt oder ausgelöscht haben.

Dem Künstler kommt die Kraft zur heroisch-einsamen Transposition des Wirklichen aus der Gemeinsamkeit, die ihn über alle Zeitlichkeit hinweg an andere Künstler bindet, in jenem »heimlichen Spielraum, jener vierten Dimension des Daseins«, in die Rilke, nach seinen eigenen Worten, sich aus dem »undurchdringlichen Elend« der Kadettenschule flüchtete – und wo er frei war.

Ein Reich der Kunst mit besonderem Handwerkszeug und autonomen Spielregeln erscheint so, wo der einzelne sich bewähren muß, dafür aber auch den Schutz der Meister genießt. Das Bagno Dostojewskijs hat Rilke zur Gestaltung seines eigenen Bagnos mit verholfen. Musils ›Törless‹, an Rilkes ›Turnstunde‹ anknüpfend, treibt die Analyse noch schärfer voran. Kafka, auf der gleichen Ebene weiterschreitend, schafft unter dem Eindruck des Krieges von 1914 weltgültige Parabeln: ›Die Strafkolonie‹, ›Die Truppenaushebung‹. Wie die Sprache aus sich heraus dichtet und das dichterische Wort doch geheime und strenge Gesetze zu befolgen hat, stiftet die Kunst ein Reich des Überzeitlichen, das zugleich mit Wirklichkeit bis an den Rand erfüllt ist.

Wo immer von Goethe und seiner Wirkung auf die Welt die Rede ist, wird der Name von Madame de Staël mit an erster Stelle genannt werden müssen. Ihr Buch ›De l'Allemagne‹ (1810) ist die früheste, brillanteste, von warmer Herzlichkeit erfüllte und kongenialste Kulturgeschichte der Goethezeit. Sie hat das Deutschlandbild von Frankreich, England, ja von Amerika, Rußland, Polen entscheidend umgestaltet, indem sie den Vorhang wegzog und den erstaunten Völkern zeigte, welches Dichtungs- und Gedankengebäude Deutschland seit 1750 errichtet hatte. Das Buch war mehr als nur die Leistung einer hohen kritischen Intelligenz: es war eine moralische Tat, die Absage des Geistes an die Gewalt, die spontane Konstituierung einer klassisch-romantischen, europäischen Front gegen die Militärdiktatur Napoleons.

Es ist die Ehre der französischen Literatur, daß ihre zwei größten Schriftsteller um 1800, Madame de Staël und Chateaubriand, das Exil der Unterwerfung vorgezogen und bei aller Faszination durch die immer wieder durchblitzende Geisteskraft des Kaisers das Dämonische in seinem Genie erkannt und verurteilt haben. Sie treten damit in eine Kette des Widerstandes, die unter den französischen Dichtern nie abgerissen ist, von Rabelais und Bayle, Voltaire, Rousseau, Diderot bis zu Victor Hugo, Zola, Romain Rolland und den Schriftstellern von heute, die 1933 wie 1940 als Sprecher des Gewissens aufgetreten sind, zuletzt im algerischen Krieg, dessen Endprotokoll ein Urenkel der Madame de Staël, Fürst de Broglie, mit unterzeichnet hat, an jenem Genfer See, von dem die Familie herstammt: die Mutter eine Schweizer Pfarrerstochter, der Vater ein Genfer Bankier mit deutschen Vorfahren, Necker. Durch diesen heißgeliebten Vater und berühmten Finanzreformer, der 1777 Minister unter Ludwig XVI. wurde, ist das Kind nicht nur seit frühester Jugend mit den literarischen und politischen Kreisen der Hauptstadt vertraut geworden – es hat auch das ungeheure Schauspiel der Französischen Revolution aus nächster Nähe abrollen sehen.

Necker als Finanzminister wäre es vielleicht gelungen (er selber wenigstens zweifelte nicht daran), die sinkende, dau-

ernd vom Bankrott bedrohte Monarchie zu retten, wenn ihn
die Kabalen der Adelspartei nicht zweimal gestürzt hätten –
das zweite Mal am 11. Juli 1789. Das Volk quittierte diese
Provokation mit dem 14. Juli. Dem Sturz Neckers folgte der
Sturz der Bastille. Die Tore der Freiheit standen offen. Nicht
für lange. Auch der triumphal zurückgeholte Finanzminister
Necker zog sich nach einem Jahr ohne viel Illusionen auf sein
Landgut Coppet am Genfer See zurück, verschmerzte provisorisch die zwei Millionen Goldfranken, die er der königlichen
Regierung vorgestreckt hatte und die ihm nun keiner zurück-
zahlen wollte, machte den Verlust wett durch riskante, aber
glücklich zum Abschluß gebrachte Bodenspekulationen in den
Vereinigten Staaten, denen er kurz zuvor zu Freiheit und
Demokratie mit verholfen hatte, schrieb zwischendurch ein
paar Abhandlungen über Wert und Würde von Moral und
Religion, empfing 1801 massiv selbstbewußt und sehr kühl
den Ersten Konsul, Bonaparte, dem er als Kenner angelsäch-
sischer Zähigkeit nichts Gutes prohezeite. Auch das blieb unvergessen. Seine Tochter hatte bis 1792 in Paris weitergelebt,
war vor den Jakobinern geflohen, als sie mutig für die ge-
fangene Königin eingetreten war, galt auch dem Direktorium
als suspekt und wurde vor allem Napoleon ein Dorn im
Fleisch als Tochter Neckers und als Verfechterin der Freiheit
im Sinne von Montesquieu und Rousseau, ihrer Lehrmeister.
  Je unverhüllter Napoleon unter Bonaparte zutage trat, um
so unversöhnlicher wurde der Gegensatz. Als Sammelplatz
der liberalen Opposition wird der Salon der Madame de Staël
1803 geschlossen und sie selber aus Paris verbannt. Sie geht ins
Ausland, nach Frankfurt, Weimar, Berlin; kehrt nach Coppet
zurück, um den Vater zu begraben; reist nach Italien. Die
Frucht der italienischen Reise findet Napoleon 1807 – tief
drinnen in Preußen stehend, bei Marienwerder – unter dem
Stoß von militärischen und politischen Depeschen vor: ›Co-
rinne ou l'Italie‹, einen großartigen, in allen Farben des Pathos und der Melancholie lodernden und sich verzehrenden
Roman, der die Rechte des Individuums, auch seine politische
Rechte, leidenschaftlich verteidigt. Fürst Talleyrand wird noch
in der Nacht zum Vorlesen geweckt, während der Kaiser mit
der ihm eigenen, ungeheuer wachen und scharfen Geistes-
präzision das Werk laufend kommentiert und es zuletzt ver-

wirft als künstlerisch exaltiert, geistig irreführend, staatsgefährlich.

Die Frucht der zwei Deutschlandreisen von 1804 und 1807 – ›De l'Allemagne‹ – wird Napoleon am 3. Oktober 1810 von seinem Polizeiminister unterbreitet. Madame de Staël war persönlich zur Überwachung des Drucks in ein Schloß an der Loire gereist. Aber schon ist die Polizei im Haus des Druckers, die Exemplare werden eingestampft, die Druckstöcke vernichtet und die Verfasserin definitiv aus Frankreich ausgewiesen, diesmal zur Zwangsresidenz in Coppet am Genfer See. Sie kann 1812 entfliehen, taucht wie der Freiherr vom Stein und andere Gegner und Opfer Napoleons in St. Petersburg auf, dichtet, korrespondiert, liebt in Schweden, dem Land ihres ersten Gatten, und gibt 1813 in London die englische Übersetzung ihres Deutschlandbuchs heraus. Das Werk macht Sensation, wird von Pitt im Parlament zitiert, begeistert Carlyle für Deutschland. 1815 kehrt Madame de Staël mit der Monarchie nach Frankreich zurück, erhält endlich von Ludwig XVIII. die vielbesprochenen, hartumstrittenen zwei Millionen Goldfranken zurück und stirbt 1817, kaum fünfzig Jahre alt, nach einem unglaublich reichen, erfüllten, schweren und noch heute weithin strahlenden Leben.

Unter ihren Nachkommen ragen neben Diplomaten Gelehrte und Schriftsteller hervor: Herzog Maurice de Broglie, Professor am Collège de Franc; sein Bruder Fürst Louis de Broglie, Nobelpreisträger für Atomphysik 1929, und die Gräfin de Pange, ihre Schwester, deren vorbildliche textkritische Ausgabe des ›Deutschlandbuches‹ eben zum Abschluß gekommen ist.

Man versteht, daß eine Frau vom geistigen Format der Madame de Staël, deren Herzensabenteuer obendrein so verschlungen waren wie ihre politischen Schicksale, nicht nur die Historiker, sondern auch das Publikum immer wieder fasziniert. Es kommt hinzu, daß ihre Werke seit Generationen zum Examensstoff jedes Abiturienten gehören: die Unsterblichkeit ist damit noch sicherer garantiert als mit der Académie française.

In diesem Rahmen können nur ein paar Hauptpunkte hervorgehoben werden. Der erste betrifft die für deutsche Verhältnisse ungewöhnlich aktive Rolle, die der Frau im literarischen wie im politischen Leben Frankreichs zukommt. Auch hier ist Madame de Staël Glied in einer Kette. An Frauen, die ihrer politischen oder religiösen Überzeugung wegen die Barrikaden oder das Schafott bestiegen, Gefängnis oder Exil auf sich genommen haben, fehlt es nicht in der französischen Geschichte. Jeanne d'Arc, die Heilige, ist das Mädchen aus einem Volk, dessen Emblem auf Marken und Münzen nicht umsonst eine junge Frau, Marianne, darstellt. Napoleon selber führte in der sehr sorgsam von ihm ausgewählten Handbibliothek seines Feldlagers neben der Ilias, der Aeneis, einem italienischen Tasso, einem ›Gil Blas‹ und 20 oder 30 anderen Werken auch die Briefe der Madame de Sévigné mit sich – jene Briefe, die seit drei Jahrhunderten lebendiger Besitz der Nation geblieben sind und die sprudelnde Natürlichkeit der Liselotte von der Pfalz mit hoher Bildung verbinden. Die Mischung ist kennzeichnend geblieben auch für die emanzipiertesten unter den zahllosen schreibenden und dichtenden Frauen – für George Sand so gut wie für Madame de Staël. George Sand entdeckt nach ihrer Pariser Boulevard- und Barrikadenzeit die stille Provinz im Herzen Frankreichs, die ihre Heimat gewesen – le Berry –, und feiert sie als das Reservoir der wahren Kraft. Fünfzig Jahre zuvor hatte Madame de Staël, die geborene Pariserin, die Heimat der Eltern am Genfer See entdeckt. Jetzt erst kann sie das Evangelium des andern Genfer Bürgers, Rousseaus, voll verkünden und ihrem Deutschlandbuch die Parole mitgeben: Rückkehr zu Natur und Natürlichkeit.

Neue Zusammenhänge tun sich damit auf, die Rolle der Schweiz im geistigen Leben der beiden Nationen wird sichtbar. Die Alpen, das gewaltige Phänomen des Gebirgserlebnisses, haben Albrecht von Haller aus Bern mit seinem großen Epos von 1730 der deutschen Literatur erschlossen und Rousseau 1760 mit noch genialeren Mitteln der französischen. Beide Male verbindet sich das neue Landschaftsbild mit einem neuen Bild des Menschen und seiner Herkunft, dem Preis der unverdorbenen Schlichtheit, der naturnahen Echtheit. Der Zürcher Kreis um Bodmer und Breitinger hat im gleichen Sinn dreißig Jahre vor der deutschen Romantik Zugang gefunden zu den verschollenen Nibelungen, den Minnesängern, dem Mittelalter schlechthin – Pioniertaten im Reich des Geistes, von deren Früchten Madame de Staël schon berichten kann, als sie, in derselben Richtung weiterschreitend, den Franzosen die erneuerte deutsche Literatur der zweiten Jahrhunderthälfte beispielhaft vorführt.

Die Linien müssen noch weiter gezogen werden.

Dadurch, daß Madame de Staël, daß Rousseau, daß auch die Schriftsteller der deutschsprachigen Schweiz protestantisch-reformierter Herkunft waren, treten sie in Verbindung mit dem, was auch ein grundlegendes englisches Phänomen des achtzehnten Jahrhunderts gewesen ist: die Erneuerung der Literatur aus dem Geist des Pfarrhauses.

Luther hat der deutschen Literatur Größtes gegeben: Bibel und Gesangbuch, das Lied, die Sprache. Er und mehr noch seine Nachfolger haben ihr aber auch sehr viel genommen, indem sie Kunst und Dichtung einengten, einzäunten, niederhielten durch ein Übermaß an Theologie und theologischer Problematik. In diesem Licht muß man den verzweifelten, oft tragischen Kampf sehen, der von Winckelmann über Lessing und Schiller bis zu Hölderlin geführt worden ist: der Kampf um die Wiedereinsetzung des Schönen in seine Rechte, der Kampf um die Gleichberechtigung der Kunst. Ein ähnlich gewaltiger Umschichtungs- und Säkularisierungsprozeß spielt sich fast zur selben Zeit im puritanischen England ab. Die französische Forschung verwertet hier dankbar die Forschungsergebnisse des zu früh verstorbenen deutschen Anglisten Herbert Schöffler. In England wie in Deutschland schriftstellernde Pfarrer und Pfarrerssöhne inmitten ihrer Kinderschar; ringsum das arbeitende Volk, Bauern, Handwerker, Bürger in ihren Dörfern und kleinen Städten, mit ihren eigenen Sitten und der eigenen geschichtlichen Vergangenheit, das Ganze im Rahmen der immer gegenwärtigen, tiefempfundenen Natur und auf dem Hintergrund der großen Gestalten aus Homer und aus der Bibel, die schon der angehende Pfarrer im griechischen und hebräischen Urtext zu lesen und immer wieder zu ergründen hatte.

Eine Art heimlicher deutsch-englischer Front entsteht so, gerichtet sowohl gegen den grandiosen imperialen Barock der Donaumonarchie, der eben im Kirchen- und Palastbau seine Triumphe feierte, wie gegen die strengere, allmählich im Rokoko sich lockernde Klassik von Versailles. Vom römischlateinischen Geist sind beide geprägt, haben beide die Gebärde der Schaustellung nach außen hin übernommen. Napoleons leidenschaftliche Ablehnung von Madame de Staëls Deutschlandbuch und den Forderungen, die es impliziert, beruht auf den gleichen imperial-römischen Voraussetzungen.

»Eine schlechte Französin« hat der Korse sie genannt. Ihm selber haben Madame de Staël wie Chateaubriand, der katholische Monarchist, nie verziehen, daß er, der als Romantiker begonnen hatte, von Ossian begeistert, von Werther hingerissen, der Nation aus Machtgründen seit 1803/04 eine Neoklassik aufzwingen wollte, wie sie der Zeit nicht mehr entsprach, Diktaturen aber immer gelegen kommt. Gegen die von oben dekretierte Pseudoklassik erhob sich die wahre freiheitliche Klassik sowohl wie die junge Romantik. Die nationalen Gegensätze und religiösen Divergenzen treten dabei zurück hinter der größeren Einheit, der Einheit des achtzehnten Jahrhunderts und seinen Losungsworten der Emanzipation, Verbürgerlichung und Freiheit.

Unser Betrachtungsfeld hat sich aber damit zu einer Art von so riesigem Kontinent erweitert, daß wir nur eben zwei wichtige Ströme darauf einzeichnen können, immer mit Bezug auf Madame de Staël. Eine merkwürdige Arbeitsteilung, schrieb schon Heine, vollzieht sich damals rechts und links vom Rhein: Frankreich führt den politisch-sozialen Sturm und Drang zum Abschluß, Deutschland den philosophisch-dichterischen.

Die Resultate auf der einen Seite hießen die Proklamation der Menschenrechte und der ›code civil‹, das neue bürgerliche Gesetzbuch; auf der anderen Seite die großen Werke der deutschen Klassik und Romantik. Kants ›Metaphysik der Sitten‹ und sein ›Ewiger Friede‹, Hegels ›Phänomenologie‹, Schillers ›Tell‹ und Goethes ›Hermann und Dorothea‹, zum Teil auch sein ›Faust‹, Fichtes Philosophie, Schlegels Maximen, Hölderlins Hymnen sind im Angesicht der Revolution entstanden – bald von ihrem Elan mitgerissen, bald von ihren Mißerfolgen, Abwegen, Irrwegen zu neuen Lösungen auf geistigem Gebiet gedrängt. Was die großen Staatsumwälzer von Mirabeau über Robespierre bis Napoleon ins Werk umgesetzt haben, wird gemessen an dem, was die großen Staatsdenker des Westens geplant und gefordert haben – von Montesquieu über Voltaire und Rousseau zu den Enzyklopädisten, ihrer englischen Vorbilder nicht zu vergessen. Hier bleibt der Forschung in Deutschland und in Frankreich noch sehr viel zu tun, um die von den gegenseitigen nationalen Ressentiments verdeckten, vertuschten, vergessenen Bezüge endlich wieder freizulegen.

Ein Blick auf die Chronologie läßt die Zugehörigkeit der jeweiligen Generationen hervortreten. Beim Ausbruch der Revolution ist Herder fünfundvierzig Jahre alt – und fünfundvierzig Jahre Condorcet, der fortschrittsgläubige Philosoph, Revolutionär und unerschrockene Mann, den die Jakobiner dann seiner Ideen willen aufs Schafott gebracht haben. Mirabeau ist vierzig Jahre alt und Goethe vierzig. Schiller dreißig; Danton, Fouché, Robespierre dreißig. Bonaparte ist zwanzig Jahre alt – und zwanzig Jahre (oder rund zwanzig) Chateaubriand und Madame de Staël auf der französischen Seite, Hölderlin, Hegel, Schelling, A. W. Schlegel auf der deutschen. August Wilhelm Schlegel verdient besondere Bedeutung: als Freund und Reisebegleiter der Madame de Staël hat er großen Einfluß auf ihr Deutschlandbuch gehabt. Durch ihn hat sie – über Weimar hinaus – Zugang zu Jena gefunden, das heißt zu den Dichtern ihrer Generation, der romantischen. Im wesentlichen aber beruht ihr Werk auf persönlichen Eindrücken, Erfahrungen, Lektüre und nicht zuletzt auf sozialkritischen Überlegungen, die bis ins Jahr 1800 zurückreichen und in einer scharfsinnigen theoretischen Untersuchung ihren Ausdruck gefunden hatten: ›Die Literatur in ihren Beziehungen zu den gesellschaftlichen Institutionen‹. Das Deutschlandbuch ist die Anwendung der Theorie. Das literarische Phänomen wird nie isoliert betrachtet, sondern in stete Beziehung gesetzt zu Religion, Philosophie, sozialer Wertordnung, ökonomischen Verhältnissen, Geschichte, Geographie, Klima des Landes.

Im Licht ihrer eigenen Prinzipien betrachtet, ist das Deutschlandbuch der Madame de Staël wesentlich mit zwei zeitbedingten Schwächen behaftet. Einerseits mit einem politischen Affekt, der aus lauter Opposition gegen Napoleon heraus das Bild der andern, besseren, weil freieren Kultur idealisch ausmalt wie Tacitus schon in seiner ›Germania‹. Anderseits ist dieses Deutschland der Dichter und Denker noch ganz im alten agrarisch-feudalen Rahmen gesehen – im Rahmen des recht und schlecht zusammengezimmerten, dem Einsturz nahen und doch immer noch so wohnlichen Römischen Reiches Deutscher Nation mit seiner Brutwärme und verwinkelten Nestbehaglichkeit. Als Heine fünfundzwanzig Jahre später in Paris zur Feder griff, um das Gemälde zu ergänzen und zu berichtigen, geschah es zwar noch mit derselben Ergriffenheit vor den einzigartigen Leistungen der klassisch-romantischen Doppelblüte, aber die Blüte war um 1830/40 längst dahin, Goethe, Hegel, Beethoven gestorben, das alte Deutschland tot. Das neue, das heraufzog, trug Züge, die Madame de Staël nicht kannte und nicht kennen konnte: die Züge des kommenden Industriezeitalters und des militärischen Machtstaates in Konnex und Konflikt mit den andern europäischen, aggressionsgeladenen Machtstaaten. Heine selber in seiner Zwielichtigkeit, Schärfe, Härte ist ein Produkt der neuen und bitteren Zeit, die er aus innerster Kenntnis heraus anklagen und entlarven kann. Die Natur, aus der seit 1770 die Dichtung ihre tiefste Substanz bezogen, ist zusehends zur Dekoration geworden, zur Attrappe; vor lauter Wald sieht man die Welt nicht mehr, die Innerlichkeit ist zur Schrumpfform des Herddämmerglücks entartet. Ganz neue Töne, Modulationen, impressionistische Farblichter bringt Heine in sein Deutschlandbuch – ein tiefes, bei aller Ironie vom Feuer der Vernunft durchglühtes Buch. Das Buch der Staël und das seine gehören zusammen. Das ganze Deutschland lebt in ihnen, die beide im Exil entstanden sind – im Kampf gegen den Polizeistaat Napoleons das eine, im Kampf gegen den Polizeistaat Metternichs das andere, beide mit den Grundforderungen der Vernunft, der Freiheit und der Toleranz, wie das achtzehnte Jahrhundert sie verstanden und wie die Klassiker sie formuliert haben.

Ohne sich selber zu einer Kirche zu bekennen, hat Madame de Staël Chateaubriand bewundert und ergriffene Sätze über Novalis geschrieben in einer Epoche, wo ihn kaum jemand kannte. Die alte Wiener Kultur und Tradition tritt in ihrem Buch ebenso plastisch in Erscheinung wie das Berlin Wilhelm von Humboldts und der jungen romanischen Zirkel. Erst sie hat Schiller in Frankreich bekannt gemacht, in unmittelbar neben Goethe gestellt. Aber auch Zacharias Werner, den Konvertiten aus Königsberg, hat sie gepriesen – noch viel höher freilich den anderen, schärferen Denker aus Königsberg, Kant.

Rationalismus und Mystik strebten in ihr nach einem Ausgleich. Aber ist sie nicht gerade durch dieses Bestreben Ausdruck einer Zeit, in der selbst im Werke Goethes und Schillers Themen und Formen des römischen Barocks auftauchen und verbreitet werden und den Besten in allen Lagern das utopische und grandiose Ziel einer Universalpoesie vorschwebt, die nicht nur das Mittelalter, sondern Antike, Renaissance und europäische Barock in neuer Synthese integriert?

Das Staëlsche Buch ist seit 1815 bis gegen 1870 eine Bibel für die französischen Leser und besonders die französischen Dichter gewesen, die »königliche Zufahrtsstraße zu deutschem Wesen, Denken und Dichten«, wie André Monchoux es in seinem großen Werk so eindringlich erwiesen hat. Claude Digeon hat seinerseits aufgezeigt, wie die katastrophale Zuspitzung der deutsch-französischen Rivalität im neunzehnten Jahrhundert der Wirkung des Buches Abbruch tat, ohne es aber jemals in Vergessenheit geraten zu lassen. Wenn Stellen daraus bis heute Schullektüre geblieben sind, so liegt das sowohl an den stilistischen Qualitäten des Werkes als an der Rolle, die die Kulturgeschichte schlechthin im Rahmen der französischen Literaturbetrachtung spielt – selbst in der Schule.

Die produktive Ausstrahlkraft von ›De l'Allemagne‹ sei zum Schluß an einem besonders sinnfälligen Beispiel demonstriert: dem Beispiel Jean Pauls, des gewaltigen Dichters mit dem ganz in sich versponnenen Werk, wo plötzlich hinter aller Wuzerei die ungeheuren Fernblicke sich auftun und die Sterne selig tönen in der Nacht oder aber in noch bestürzenderen Visionen das Weltall versteinert und erstarrt und der tote Christus in den Ruinen einer Kirche um Mitternacht toten Zuhörern verkündet, daß kein Gott sei. Madame de Staël hat diese Stelle abgedruckt samt der großartigen Auferstehungsvision, in die sie mündet, so wie Bachs Passionen münden in die Herrlichkeit des Wiedererstandenen.

Der visionären Vehemenz des Textes lassen sich am Ende

des achtzehnten Jahrhunderts nur Zeichnungen von William Blake, Fuessli, Goya zur Seite stellen. Apokalyptische Ansätze, Anläufe, Entwürfe finden sich zwar im ›Traumbuch‹ von Sébastien Mercier, dem französischen Stürmer und Dränger, dessen Werk Jean Paul vermutlich gekannt hat. Aber erst beim deutschen Dichter erhalten sie existentielle Tiefe im Sinn von Kierkegaard und Dostojewskij, dessen ›Großinquisitor‹ wohl direkt mit dem Text Jean Pauls zusammenhängt unter Vermittlung des Staëlschen Deutschlandbuches. Walter Rehm hat darauf hingewiesen und auch gezeigt, wie sich Jean Paul nur schrittweise in seine ungeheure Konzeption hineingelebt und vorgetastet hat.

Die Rede war zunächst dem toten Shakespeare in den Mund gelegt, später einem Engel und erst zuletzt Christus. Die Etappen der Entstehung lassen authorchen: 1789 bis 1796. Sie führen zurück zum Thema: deutscher Dichter und Französische Revolution. Der Träumer aus Wunsiedel im Fichtelgebirge wird konfrontiert mit den Taten der Täter in Paris.

Was ging damals in Jean Paul vor, diesem Urbild des deutschen Dichters mit der Glorie, aber auch mit der ganzen Misere des Pfarrhauses – mit dreißig Jahren noch ein völlig unbekannter, im weltfernen Winkel gescheiterter Poet, dessen Vater, ein Hungerpastor, früh hinweggestorben war, dessen Mutter in Armut verkümmert, dessen Bruder ins Wasser ging, während die zwei besten Freunde, Bettelstudenten wie er, an der Schwindsucht starben. Als einziger Lichtblick: Rousseau, der Unterdrückte, der zum Ankläger der Mächtigen, zum Verkünder der reinen, unbefleckten Natur und zum Propheten einer besseren, menschenwürdigen Gesellschaft geworden war. Zu Ehren des Geistesbruders Jean Jacques tauft Johann Paul Richter sich um in Jean Paul und findet zu sich selber unter diesem Pseudonym. Kurz danach Ausbruch der Revolution: Rousseaus Traum soll Wirklichkeit werden.

Wie Hegel, wie Hölderlin hat Jean Paul bis zuletzt an den großen Prinzipien der Menschenrechte festgehalten, die Revolution als ein Datum in der Menschheitsgeschichte geehrt. Um so tiefer wurde er aufgewühlt vom Mißlingen des großen Werkes. Seine Verzweiflung wächst mit dem Fortschreiten des Terrors. Jean Paul erlebt sein Gethsemane. Die Vision vom toten Christus ist keine Blasphemie. Sie ist Aufschrei des

Schmerzes, Seufzen der verlassenen Kreatur, die das Todestal durchschreiten muß, ehe sie die Gnade der Erlösung findet.

Ein anderes Wunder geschieht: Die Stimme des Einsamen dringt durch, schwillt an, dröhnt wie eine Glocke über die Länder. In Paris, der Riesenstadt, von der er so oft geträumt und die er nie betreten hat, horchen die Besten auf und erkennen sich betroffen in den Worten des Mannes aus Wunsiedel wieder, als spräche da mit den Zungen des Erzengels ein Bruder, ein Freund. Den »brüderlichen Freund Jean Paul« grüßt der stoisch-verschlossene Alfred de Vigny; »unseren Jean Paul« nennt ihn Alfred de Musset, der Lebemann mit den tiefen Einblicken des Neurasthenikers. Alle haben sie um 1820/30/40 bei Madame de Staël die Vision aus dem Jahr 1796 gelesen – Nodier, Michelet, Balzac, Baudelaire, Renan und noch Gobineau, Villiers de l'Isle-Adam und andere, über die Claude Pichois in seiner Arbeit ›Jean Paul en France‹ ausführlich berichtet. Alle haben über diesen Text gegrübelt und einige aus ihm die Inspiration zu Dichtungen geschöpft, die unvergänglich in der französischen Literatur dastehen: Vigny: ›Le Mont des Oliviers‹; Nerval: ›Le Christ aux Oliviers‹, mit dem Zusatz ›d'après Jean Paul‹; Victor Hugo: Stellen aus ›La Fin de Satan‹; Leconte de Lisle: ›La Recherche de Dieu‹.

›Literarische Beeinflussung‹: das Wort verdeckt das Wesentliche an einem solchen Vorgang: das spontane Zustandekommen dessen, was Albert Schweitzer einmal die »geheime Brüderschaft der vom Schmerz Gezeichneten« genannt hat. Madame de Staël gehört mit zu dieser Brüderschaft. Wir haben sie nicht aus den Augen verloren. Hinter allem, was eben berichtet wurde, hat sie gestanden. Sie ist die produktive Mittlerin gewesen. Das Bild, das man sich von ihr macht, ist allzuoft konventionell, einseitig, falsch: eine Dame von Welt, die hereinrauscht in die niederen Stuben der deutschen Dichter mit den weißgetünchten Wänden und dem kargen Mobiliar, imponierend und beklemmend in ihrer Redelust und Zielbewußtheit.

Die wahre Germaine Necker-de-Staël war anders: sehr verwundbar, erschüttert über das Scheitern ihrer hochgespannten politischen Pläne, im Innersten verstört, als der Schatten des Eroberers über ganz Europa lag und der Reisewagen die Emigrantin vom heißgeliebten, nie vergessenen Paris hinwegtrug ins unbekannte Land: Deutschland im Winter, dunkel, rauh, gespenstisch fremd. Die lastende Stille, die beklemmende Einsamkeit von Caspar David Friedrichs Winterbildern ruht auf den Anfangskapiteln des Buches mit der Fahrt durch die Nacht der Wälder übers holprige Pflaster hinein in unwirtlich verschlossene Kleinstädte.

Das Bewundernswerte und Ergreifende an Madame de Staël ist, daß sie durch das Schwere, Dumpfe, Fremde hindurchgedrungen ist bis zum Wesenskern, wo an die Wurzeln des Daseins gerührt wird und im innersten Gehäuse das Licht erstrahlt. Die Titel der letzten Kapitel heißen: ›Vom Schmerz‹, ›Von der Religion‹, ›Vom Enthusiasmus‹, ›Vom Glück‹. Das Glück der Liebe, dem diese stürmische, aber vatergebundene Frau in den verschiedensten Gestalten immer wieder nachjagte, ist ihr nur sporadisch zuteil geworden und immer wieder verlorengegangen. Das unlösbare und doch stets neu gelöste Dauerverhältnis zu dem ihr geistig ebenbürtigen und doch wesensverschiedenen Benjamin Constant bleibt in der französischen Literatur Beispiel eines Dauerverhängnisses.

Der Enthusiasmus, wie sie ihn versteht, ist zugleich ein sehr weltlich sinnenhafter und er ist denkerische Energie, gepaart mit religiöser Grundstimmung, Ehrfurcht vor dem Wert des Geistes, das für die Schülerin Rousseaus überall auch ein geheimes Wort des unbekannten Gottes ist.

Glück in ihrem Sinn ist das tiefe, innere und zugleich weltumspannende brüderliche Glück, das Schiller und Beethoven zur selben Zeit in ihrem ›Lied an die Freude‹ zelebrieren.

Madame de Staël tritt unter die Großen, deren Größe sie sichtbar gemacht hat. Als doppeltes Vorbild darf sie gepriesen werden: als Vertreterin der Weltliteratur im goetheschen Sinn und als geniale Frau, deren Grundkraft die zarte und gewaltige Kraft des Verstehens und der Liebe gewesen ist.

Schillers Verhalten zu Frankreich – seiner Dichtung, Denkart, politischen Lebensform – kann mit *einem* Wort bezeichnet werden, das für ihn wie für ganz Württemberg gilt: Mittelstellung, pro und contra.

Er hat Racine kritisiert und ist immer wieder bewundernd auf ihn zurückgekommen. Noch im Winter 1803 debattiert er in Weimar erregt mit Madame de Staël über die französische Klassik – ablehnend, wo sie Enthusiastin war. Ergebnis: *sie* schreibt begeistert über den empfindungsstarken, aufrechten Schiller; *er* aber nimmt zu Hause wieder Racine vor, revidiert eine Übersetzung des ›Mithridates‹, beginnt die des ›Britannicus‹, entzündet sich an der Figur der Agrippina für eine eigene Tragödie, vollendet die Übersetzung der ›Phädra‹, ein letztes Meisterwerk, vier Monate vor seinem Tod.

Hinter Schiller steht wie hinter Racine die Welt der Väter und ihre Herrlichkeit. Ein paar biographische Fakten sollen es belegen. Der Umweg ist nur scheinbar. Wir kommen um so sicherer an die gemeinsame Wurzel heran.

Schiller hat zwei Väter besessen: seinen leiblichen Vater und den Herzog, unter dessen ›Söhne‹ er mit dem Eintritt in die Karlsschule aufgenommen war. Beide genialische Naturen und beide Despoten, Vertreter einer harten männlichen Welt. Die Jugend bäumte sich auf und bewunderte. Protest und Faszination abwechselnd.

Werbeoffizier – das war nicht eben der humanste Beruf, und Härte forderte es auch, als Gartenverwalter die Bauern zum Frondienst zu pressen, wie es Johann Kaspar Schiller oblag, der vom Bauernjungen zum Hauptmann und Hofbeamten aufgestiegen war. In der Familie regierte er unumschränkt nach dem Kernspruch: »Der Mann muß haben die Herrlichkeit im Haus.« Der ›Herrlichkeit des Herrn‹, einem altschwäbischen und Schillerschen Grundwort, werden wir noch weiterhin begegnen.

Gemeinsam ist Vater und Sohn die Verbindung von Arbeitsbesessenheit und Hang zur Spekulation, ›Rechenhaftigkeit und Phantasie‹ – ein schwäbisches Mixtum nach Theodor Heuss. Der alte Schiller hat auf dem harten Keuperboden

der Solitude nicht nur Zehntausende von Obstbäumen gezüchtet, er hat auch über sie räsoniert. Der Sohn verhalf ihm
noch von Weimar aus zur Drucklegung des Manuskriptes
›Die Baumzucht im Großen aus zwanzigjährigen Erfahrungen
im Kleinen‹. Das Letzte, was er anvisierte, lag aber jenseits
des Utilitarismus: Früchte des Himmels, nicht der Erde. Eines
der geistlichen Lieder, die er für den Hausgebrauch schrieb
und mit den Kindern sang, wenn er sie nicht gerade mit Stock-
schlägen traktierte, enthält wie eine Samenkapsel die Dialektik von Schillers ganzem Schaffen: »Nein, es müssen Geist und
Leben / Der Gewohnheit sich entziehn / Und in einem neuen
Leben / Früchte der Bekehrung blühn.« Schon der Zwanzigjährige schreibt über die ›Räuber‹: als »Pflanzschule des Himmels« sind sie gedacht, nicht als Schule des Lasters.

Die geistigen, die geistlichen Antriebe werden sichtbar, die
Schwabenväter treten hervor: Pastor Moser aus Lorch; hinter
ihm Bengel, sein großer Lehrer; hinter Bengel der größere
Johann Valentin Andreä, dessen Rosenkreuzerschriften bis auf
die Elisabethaner, ja auf Descartes gewirkt haben und dessen
›Christianopolis‹ säkularisiert in Schillers Gedanken über Erziehung zur Freiheit weiterlebt. Hinter ihnen allen, überra-
gend als ›rocher de bronze‹, Johannes Brenz, der Württemberg
zum Bollwerk des Luthertums gemacht hat und dessen Katechismus noch den Schluß der Jugendwerke (›Räuber‹ und
›Kabale und Liebe‹) so eindeutig mitbestimmt, daß sie hierin
den Franzosen schwer verständlich geblieben sind.

Brenz, das ist nicht nur Katechismus, Syngramma suevicum,
Confessio wirtembergica. Das ist auch – und vielleicht vor
allem – das genial übers ganze Land gestaffelte System der
Schulen, worin das Korn in die Seele gesenkt und ein Men-
schentyp geprägt wurde. Bibel und Antike hießen die zwei
Säulen schon in den niederen Schulen, den Lateinschulen der
Landstädte und -städtchen. Wenn Schiller im ›Spaziergang‹,
wenn Hölderlin und noch Mörike so großartig selbstverständ-
lich Schwaben mit Rom und Hellas verschwistern, ernten sie
damit die Früchte einer langen, strengen Zucht, bauen sie auf
den Fundamenten weiter, welche die Schar der Namenlosen
gelegt hat.

Von hier aus ergibt sich der tiefere Zugang zu den Franzosen. Bibel und Antike bestimmen auch den Horizont von Cor-

neille und Racine, von Montesquieu und Rousseau und noch von Diderot und Voltaire, dem Ex-Theologen und dem Jesuitenzögling. Lange vor dem europäischen Markt der Güter war hier ein gemeinsamer Markt des Geistes, Umlauf gleicher Bilder, Formeln und Begriffe bei noch so verschiedener Ausmünzung – ›topoi‹ hat Ernst Robert Curtus sie genannt. Nur das Beispiel von Racine sei herausgegriffen.

Hofintrigen und Liebeshändel sind bei ihm Vordergrund. Entscheidend die Welt der Väter, die dahinter aufragt, die strenge Welt der Jansenisten. Port-Royal, herb und tief wie das Tübinger Stift. Auch Racine wehrt sich gegen den Zwang. Sein ›Mithridates‹ steht im Scheitelpunkt. Übermächtig fällt von jetzt an der Schatten der Väter herein. Die Waffen sind in ihre Hände übergegangen. Auf sie führt alles zu. Sie fordern das Opfer. Sie erhalten es. Vom antiken Dekor ist Racine folgerichtig zum alttestamentarischen der letzten Werke gekommen, ›Esther‹ und ›Athalie‹.

Bei Corneille leuchtet die Väterwelt in milderem und zugleich vollerem Glanz: ungebrochen in ruhiger Kraft. Das Imperatorische, Willensstarke an ihm, der gebändigte Barock, die helmbuschüberwehte Grandezza hätten in Schiller verwandte Saiten anschlagen müssen. Aber Lessings Polemik hat ihm den Weg zum französischen Tragiker verstellt. Etwas anderes zog ihn heftiger zu Racine: die Unruhe, das geheime Wühlen der Zerstörungstriebe unter der glitzernden Oberfläche. Kammermusik, die Abgründe erhellt; ganz wenig Personen, von äußerster Transparenz in den Konturen und zugleich hintergründig: ›Kunst der Fuge‹ und Beethovens letzte Quartette. Schiller hat weder Bach noch Beethoven gekannt. Aber er hat Racine gekannt.

In den Sälen von Ludwigsburg und von Stuttgart ist ihm das klassische Theater Frankreichs früh vertraut geworden. Das war die andere Chance seines Lebens: aus dem religiös bestimmten, kunstfremden Kleinbürgertum in die Welt des Spieles einzutreten, die zugleich die Welt der irdischen Macht war.

Die Dichter von Versailles hatten Zutritt zu Ludwig XIV., manche – wie Racine – vertrauten Umgang mit ihm. Wieviele Dichter aber sind so in die Nähe eines Herrschers gekommen wie Schiller schon als Fünfzehnjähriger zu Karl Eugen? ›Söhne des Herzogs‹, das war nicht nur eine Floskel, hochtrabend und nichtssagend. Der energiegeladene Mann im verwinkelten Fürstentum hatte Zeit, Herrscherwillen und pädagogische Leidenschaft genug, um *seine* Schüler in *seiner* Pflanzschule zu überwachen, höchstpersönlich zu stacheln, zu drangsalieren, aufzumuntern. Man kennt den Empfang, den er Schiller bereitete, als er von der Eskapade nach Mannheim zurückgekommen war. Väterlich wohlwollend, als wüßte er um nichts, führt er ihn durch die Hohenheimer Anlagen, erläutert ihm dies, läßt ihn jenes bewundern, und als der Ahnungslose ins Garn gegangen, deckt er brüsk die Karten auf: »Er ist auch in Mannheim gewesen, ich weiß alles; ich sage, sein Obrister weiß auch darum.« Erstes Resultat: der Arrest und die Flucht. Zweites, wichtigeres Resultat: Posa vor Philipp. Schiller brauchte nur zuzugreifen. Die Wirklichkeit hatte ihm die Szene vorgespielt. Im Kunstwerk fixierte und erhöhte sein dramatischer Genius sie für immer.

Der ›Geisterseher‹ wäre nicht der tiefe politische Roman geworden ohne diese harten und fruchtbaren Jahre am Hof. An Schärfe der Beobachtung, an Einblick ins Räderwerk der Menschenbeherrschung kann sich das geistfunkelnde, in Deutschland so lang verkannte Meisterwerk mit den französischen Vorbildern messen: den ›Memoiren‹ des Kardinals de Retz, wo es im Dunkel der Intrigen von staatsmännischen Erkenntnissen blitzt; den ›Liaisons dangereuses‹ von Choderlos de Laclos, dem kalten, leidenschaftlichen Roman eines Strategen der Liebe. Schiller hat Laclos, hat Retz heiß bewundert, aus diesem den Stoff zum ›Fiesco‹ geholt, an jenem für den ›Geisterseher‹ gelernt. Auch die Prosa von Diderot, die er bis zuletzt begeistert las, hat in ihrer scharfen Beweglichkeit die seinige mitgeformt. Noch einer gehört in diesen Zusammenhang, obwohl Schiller ihn nicht mehr gekannt hat: Stendhal mit seiner souveränen Schilderung eines Duodez-Fürstenhofs in der ›Kartause von Parma‹. Stendhal, der Skeptiker, Musikenthusiast und Italienschwärmer, ist seiner Jugendliebe für Schiller nie untreu geworden, hat Schiller über Goethe gestellt. Er genoß an ihm, was die wenigsten sahen: die Mischung von Kälte und Feuer, das Aristokratische und das Jakobinische, Karl Moor und Franz Moor in einem.

›Sohn des Herzogs‹: es war doch nur eine Fiktion. Eingelassen in die Pracht der Säle und dann vor die Tür gewiesen als Bürgerkind, Zweitgeburt, Paria. Ein Text des Fünfzehnjährigen wirft Licht in diese Abgründe. Es ist eine Pflichtarbeit, im Auftrag Karl Eugens von den Karlsschülern verfaßt: ›Bericht an den Herzog über die Mitschüler und sich selbst‹. Schiller begnügt sich nicht mit allgemeinen Wendungen, Hinweisen auf generelle Fehler. Seine Angaben sind präzis und streichen die Freunde heraus, schwärzen die Feinde. Dieser hat »ein böses Herz«; jener »Anlagen zum Verräter«; ein dritter ist »durch kriechende Demut verächtlich«; zwei andere suchen alle, »auch die schändlichsten Mittel hervor, ... sich in die Gnade des Fürsten einzuschmeicheln, da ich gewiß versichert bin, daß sie nicht die nämlichen innerlichen guten Gedanken von demselben haben«. Das Dokument – eines der allerfrühesten, das wir von Schiller besitzen – ist weniger Bericht als Denunziation. Franz Moor könnte es unterzeichnet haben. Der Franz-Moor-Typ ist aus Schillers Werk nie verschwunden. Noch Demetrius hat seine Wucht und Glut.

Wir sind weit weg von der Idealbüste Danneckers. Schadows Kreidezeichnung hat ganz anders die ›Raubvogelschärfe‹ des Profils erfaßt und Jean Paul den berühmten Kommentar geliefert: ein Cherub mit dem Keim des Abfalls. Um so großartiger die Spannweite des moralischen Genius in Schiller, die immer neue Überbrückung der Klüfte und der fast unmenschlichen Spannungen.

Der Herzog hat – nach dem Vater – viel auf dem Gewissen von diesen Spannungen. Und doch hat der ›alte Herodes‹ auch mitgeholfen, sie zu überwinden als seltsame Mischfigur. Züge des absolutistischen Herrschers gehen bei ihm über in solche des moralisierenden Patriarchen, des Aufklärers. Die Karlsschule war nicht nur ›Sklavenplantage‹, wie Schubart höhnte, sie war auch Produkt einer echten Erziehungspassion, Ausdruck des Glaubens an die Perfektibilität der Menschen. »Erziehung« – schreibt Karl Eugen – »ist Weiterbearbeitung des in uns ruhenden Keims, eine zweite Geburt.« Durch die rationalistische Formulierung schimmert der religiöse Grund hindurch. Selbst Pietistisches tritt bei dem katholischen Herrscher in Erscheinung, als er im Schwabenalter – wenn auch im vorgerückten, mit fünfzig Jahren – öffentlich Buße tut und von allen Kanzeln des Landes sein Reuebekenntnis ablesen läßt. Eine Frau steckt dahinter: Franziska von Hohenheim, das ›Fränzel‹, von Schiller in den Festreden überschwenglich als Mutter gepriesen. Aber ›cherchez la femme‹ genügt nicht in Schwaben. ›Cherchez le père‹ muß es heißen. Und schon steht er vor uns, Michael Hahn, der Bauernsohn, Sektengründer und spätere Seelenführer Franziskas; kein Abtrünniger der Kirche, vorsichtig in Distanz zu ihr, mit dem unwiderlegbaren Lächeln des Eingeweihten, der neben ihre Milch sein eigenes System stellt »als die kräftigere Speise«.

Wäre Schiller auf den Asperg gekommen, vor dem er floh? Man kann um so weniger daran zweifeln, als selbst nach dem fürstlichen Reuebekenntnis Schubart, der illustre Staatsgefangene, noch Jahre auf die Freilassung warten mußte. Andererseits darf das Verhältnis Karl Eugens zum jungen Schiller nicht im düsteren Licht von Laubes ›Karlsschülern‹ gesehen werden. Ernst Müller und andere schwäbische Forscher, denen auch wir in Frankreich dankbar verpflichtet sind, haben seither vieles berichtigt. Den Herzog scheint etwas an den Jüngling gebunden zu haben. »Laßt den gewähren«, fordert er einmal und begründet: »Er kann gewiß ein recht großes Subjektum werden, wenn er fortfährt, fleißig zu sein.« Der Ausspruch erinnert an das Zeugnis, das Bonaparte aus der Militärschule in Brienne mitnahm: »Ira loin, si les circonstances le favorisent.« Ein anderer Ausspruch, ein Ratschlag des herzoglichen Pädagogen, mag Schiller noch stärker durch den Kopf gegangen sein, als er nach dessen Tod in der Ludwigsburger Schloßkapelle über die Vergangenheit nachsann, pro und contra abwog und sich fürs pro entschied.

»Das Feuer dämpfen«, hatte der Herzog geraten. In Weimar bekam Schiller nichts anderes zu hören. Ein Lehrer Schillers, der junge J. F. Abel, hatte den Weg noch genauer vorgezeichnet in der Festrede, die er 1776 vor den Karlsschülern hielt. Die Definition des Genies, in der sie auslief, vereint explosiv Kernbegriffe der Schwabenväter: Genie ist Kraft, gestählt durch Anstrengung und geleitet durch Besonnenheit. Der Herzog war begeistert. Leistung im Bunde mit Maß verlangt auch ein Urenkel Abels: Gerhard Storz, der Schillerinterpret und spätere schwäbische Kultusminister.

Karl Eugens Verhältnis zu Frankreich vervollständigt das Bild. Paris hat den Herzog immer wieder angezogen. Im Sturm und Drang seiner ballettumrankten Jugend lieferte es ihm seine berühmtesten Künstler und Tänzerinnen, machte Stuttgart zehn Jahre lang zu einer Metropole erlesenster und fortschrittlichster Tanzkunst. Noverre, der geniale Pariser, wird von der heutigen Forschung als ein Shakespeare des Tanzes und der Pantomine gefeiert.

Das war vor Schillers Zeit und vor dem Eintritt des Herzogs in eine Klassik eigener Prägung. Die Schloßbauten, die er hinterlassen – Stuttgart, Monrepos, Solitude –, zeugen von ihr. Der böhmisch-italienische Barock der Vorgänger ist dem Maß und strengeren Gesetz gewichen. La Guêpière war der Inspirator. Einheimische Baumeister, wie Reinhard Fischer in Hohenheim, haben den Stil dann auf derbere Weise entwickelt. Die Karlsschule war in den bau- und bildkünstlerischen Erneuerungsprozeß unmittelbar miteinbezogen. Bewußt wurden hier Söhne des Volkes als Nachfolger gezüchtet. Vermittler zwischen Schwaben und diesem klassischen Frankreich ist ein Schüler Soufflots, Guibal aus Lunéville, gewesen, ein hervorragender Pädagoge, der innerhalb weniger Jahrzehnte eine Fülle von Talenten geweckt und gelenkt hat, die Träger des gewaltig aufbrechenden Frühklassizismus in Altwürttemberg. Schulfreunde Schillers treten bald an die Spitze: Dannecker und Scheffauer als Plastiker; Hetsch als Maler; als Architekt der etwas jüngere Thouret.

Schiller selbst in seiner Auffassung von bildender Kunst für immer von hier aus bestimmt. Sie ist viel klassizistischer als die eines Diderot, der in seinen Essays über die Malerei genial vorausgespürt hat, was bei Baudelaire, dem andern großen Kunstkritiker unter den Schriftstellern Frankreichs, dann zur Entfaltung gediehen ist.

Es ist mehr als Zufall, daß Dannecker Schillers Begleiter auf dem Spaziergang von Stuttgart nach Hohenheim war, der im berühmten Gedicht unter die Sonne Homers gestellt wird. Wir treten in ein klassisches Gemälde, in die großen heroischen Landschaften eines Poussin und Claude Lorrain. Schiller bleibt hier Zeitgenosse Racines. In einem seltsamen Ausspruch behauptet er, die Zeichnung sei das Wesentliche an einem Gemälde, nicht die Farbe. In seinen eigenen Dramen tritt das klassische Gerüst immer sichtbarer zutage. Die ›Ökonomie‹ der Anlage rühmte schon der Zwanzigjährige an seinen ›Räubern‹. Wieder haben wir es mit einem schwäbischen Grundwort zu tun. Und wieder ergibt sich vom Begriff der ›Ökonomie‹ her ein Zugang zur Klassik Frankreichs.

Der ›Spaziergang‹ fällt ins Frühjahr 1794. Der Herzog war im Herbst gestorben und die Französische Revolution in voller Entwicklung. Schiller stand auf seiten des Herzogs gegen die Revolution, gegen die radikale Richtung, die sie eingeschlagen. Reformen in Frankreich hatte Karl Eugen schon auf seinen Pariser Reisen von 1776 und 1787 für unumgänglich gehalten. Kaum ist die Bastille gestürmt, eilt er bereits herbei, treibt sich mit einer Kokarde auf den Straßen herum, sieht sich den Bastillensturm nachträglich wenigstens in einem Theaterstück an. 1791 ist er wieder da. Diesmal wohnt er einer Sitzung des Parlaments bei – desselben, das Schiller ein Jahr später das Ehrenbürgerrecht verleihen wird. Karl Eugens Diagnose lautet düster. Im Herbst 1789 schon hatte er notiert: »Der König eine Schlafmütze; die Königin exzentrisch und mit Recht vom Volk verabscheut; die Minister total unfähig.« *Er* hätte den Landständen die gemäßigten Reformen, die sie forderten, rechtzeitig zugestanden wie einst in Schwaben. Und ein Finanzminister wie Necker, der Genfer Bankier und Vater der Madame de Staël, der einzige, der vielleicht vorläufig den Konkurs hätte abwenden können, wäre nicht der Hofkamarilla geopfert worden, die über dem Abgrund tanzte. Vergleicht man Ludwigs XVI. Apathie mit *seiner* Aufgewecktheit, darf man schließen: es wäre eine Chance für die französische Monarchie gewesen, wenn ein Karl Eugen auf dem Thron gesessen hätte.

Mit Bezug auf Schiller aber wird man sagen: Jakobiner konnte unter einem solchen Fürsten des Übergangs und der Reformen – oder zumindest der reformerischen Anwandlungen – nur werden, wer religiösen Radikalismus mit politischem verband, wie etwa der Expriester Eulogius Schneider. Die Bindung an die Vaterwelt war das Stärkere bei Schiller, und ihr Fundament letztlich religiös. Identifikation mit dem Vaterbild und Gewissensstrenge hielten den Keim des Jakobinertums nieder, der bis zum Schluß in ihm lag.

Wir sind bei einem Zentralpunkt unserer Analyse angelangt und wechseln nun zur Gegenseite hinüber. *Ein* Werk rückt jetzt in die Mitte: die ›Räuber‹. An ihm kann exemplarisch Frankreichs Haltung zum deutschen Dichter abgelesen werden. Die Betrachtung der übrigen Werke darf dann summarisch erfolgen und zum Schluß eine letzte Konfrontierung der Parteien vorgenommen werden.

Die ›Räuber‹ schlugen ein wie zehn Jahre zuvor ›Werther‹. Eine Übersetzung – von Bonneville und Friedel – lag bereits 1785 vor: kühn, federnd und ziemlich wortgetreu. Auch in der Provinz las die Jugend sich begeistert hinein – so Charles Nodier, der kommende Romantiker, auf dem väterlichen Dachboden in Besançon.

Der Siegeszug beginnt mit dem Betreten der Bretter am 10. März 1792 im Pariser ›Théâtre du Marais‹. Fünf Monate später bereits setzte das Parlament (die ›Assemblée législative‹) Schillers Namen auf die Liste der achtzehn Ausländer, die mit dem Ehrenbürgerrecht ausgezeichnet wurden. Pestalozzi, Kosziusko, Washington gehörten dazu, von den Deutschen Klopstock und Campe. Schillers Name war von dem elsässischen Abgeordneten Ruhl vorgeschlagen worden. Die Girondisten, von Reinhard über Schiller orientiert, unterstützten den Antrag.

Auch der Übersetzer kam aus dem Elsaß. Seinen Namen Schwindenhammer hatte er schwungvoll-martialisch französisiert: Lamartelière. Sonor klang auch der neue Titel: ›Robert, chef de Brigands‹. Die Eingriffe in den Text waren zahlreich und gewaltsam. Der gefühlstriefende, brutale Liebesmord an Amalia ist getilgt; aus Mordbrennern sind die Räuber regelrechte Mitglieder einer Art Heiligen Feme geworden; Karl Moor begeht zum Schluß Selbstmord aus Reue. Das Publikum stolpert über den Schluß. Selbstmord schien eine zu harte, fast sinnlose Strafe, eine unverständliche Abdankung in einer Zeit, wo eben die Fundamente des Staates neu gelegt wurden. Retouchen waren nötig. Ein dritter Mann tritt in Aktion: kein Geringerer als Beaucharmais, der Verfasser des ›Barbiers von Sevilla‹ und von ›Figaros Hochzeit‹, der nebenbei Kommanditär des ›Théatre du Marais‹ war.

Die Lösung lag auf der Hand. Beaumarchais fingerte sie geschickt hinein. Karl Moor schlägt sich an die Brust und schreibt

zugleich an den Kaiser, von dem er für seine Truppe und sich
Generalpardon erfleht. Triumphierend schwenkt ein Bote am
Schluß die Zusage. Die illegale Räuberbande ist in den Dienst
der Legalität gestellt. Schillers Schwager Wolzogen, der das
Stück in Paris sah, war empört über die Verballhornung. Die
Kritik hat nach ihm in die gleiche Kerbe gehauen, deutsche
Innerlichkeit gegen französische Veräußerlichung ausgespielt.
Das Wort Innerlichkeit läßt aufhorchen. Es hat schon zuviel
Fragwürdiges gedeckt – auch hier. Die Kritik hat zunächst
eines übersehen: Lamartelières Lösung ist bei Schiller selbst
vorgezeichnet in der Geschichte eines anderen Räubers, des
›Verbrechers aus verlorener Ehre‹, von 1786. Auch hier geht
der Rebell in sich und will »den Staat versöhnen, dessen Gesetze er beleidigt hat« – aber nicht wie Karl Moor durch seinen Tod, sondern durch ein würdigeres Leben. Er stellt sich
als Soldat zuerst seinem Landesherrn, dann dem König von
Preußen zur Verfügung. Erst als beide ihn zurückstoßen und
die Häscher ihm auf der Spur sind, offenbart er sich seinem
humanen Amtmann. Nicht zerknirscht, mit einer ›ruhigen
Schwermut‹ erkennt er die Doppelschuld: die seinige und die
der Gesellschaft, die ihn zu dem hat werden lassen, was er geworden ist. Individualpsychologie im Rahmen einer Sozialkritik.

Die Fäden zwischen Politik und Religion werden entwirrt.
In den ›Räubern‹ liefen sie durcheinander. Luther und Rousseau sprachen abwechselnd. Die evangelische Parabel vom
›Verlorenen Sohn‹ – so hieß das Stück ursprünglich – wird ge-
danklich unterbaut, aber auch unterminiert durch Forderungen aus dem ›Contrat social‹, ob ihn nun Schiller schon damals unmittelbar gekannt hat (wie Roger Ayrault annimmt)
oder nicht. Karl Moor verflucht die Gesellschaft und stiftet
eine bessere, indem er regelrecht mit den Mitgliedern seiner
Bande einen Vertrag schließt. In aller Form löst er den Vertrag am Ende auf. Die frühere Welt war in Despotie erstarrt,
die seinige ist anarchisch ausgeartet. Auch der utopische Träumer hat das Gesetz beleidigt und muß es versöhnen. »Die miß-
handelte Ordnung«, erklärt Karl Moor, »bedarf eines Opfers,
das ihre unverletzte Majestät vor der ganzen Menschheit entfaltet – und dieses Opfer bin ich selbst.« Durch die säkulari-
sierte Fassung klingt die sakrale des altwürttembergischen

Protestantismus hindurch: die Welt als *Herrlichkeit Gottes.*
»Der Mensch ist wesentlich Offenbarung seiner selbst, Manifestation«, schreibt Oetinger und formuliert weiter: »Herrlichkeit ist die körperliche oder geistige Manifestation dessen, was im Geist verborgen liegt.« Schiller meint nichts anderes, wenn er schon als Fünfzehnjähriger im ›Bericht über die Mitschüler und sich selbst‹ äußert: die Seelenkräfte seien uns »von Gott geschenkt, um seine Ehre auszubreiten«. Bei Schelling wird die Geschichte zur »fortgehenden allmählich sich enthüllenden Offenbarung des Absoluten«. Der gleiche Gedanke entfaltet sich bei Hegel in voller Breite und wird zuletzt wieder unmittelbar auf den religiösen Untergrund zurückgeführt, wenn es in den Vorlesungen über Religionsphilosophie heißt: »Es ist den Menschen in diesem Anschauen und Gefühle (von Gott als seinem wahren Leben) nur darum zu tun, allein die Ehre Gottes kundzutun und seine *Herrlichkeit zu offenbaren.*«

Hinter den Dichtern und Denkern der jungen Generation steht das lutherische Vaterunser mit dem machtvollen Ausklang nach Matthäus 6: »Denn dein ist das Reich und die Kraft und die Herrlichkeit.« Die ›Herrlichkeit‹ fehlt bei den Katholiken, die sich – wie später die Reformierten – an Lukas 11 anschließen. »Das hat keine Kraft und keine Macht und keine Herrlichkeit, wie's katholische Vaterunser« – lautet wegwerfend eine aufschlußreiche schwäbische Redensart.

Mächtig mündet Schillers Erstlingswerk in Bekenntnis, Buße, Selbstopfer. Wir stehen in der Tradition der Schwabenväter. Nicht der Herzog allein hatte sich öffentlich an die Brust geschlagen, sondern auch sein berühmtestes Opfer, Schubart, der Rebell auf dem Asperg. Seine Worte decken sich seltsam mit denen Karl Moors: Haft als heilsame Strafe, als Züchtigung, die den Verirrten mit Gott versöhnt. Schiller selbst war von seinem Vater dazu erzogen, freiwillig den Stock zu bringen, wenn er gefehlt hatte. Die Zahl der Schläge fiel dann geringer aus. Karl Moors Selbstbeschuldigungen dürfen in diesem Sinn als biologischer Reflex der Selbstverteidigung verstanden werden.

Den Pudel sogar, die tierische Kreatur, treibt es in einem Jugendgedicht Hegels zum Herrn zurück, dem er entwichen war, einer Hündin nach.

Hierher! Das Wort reißt ihn los vom Instinkt und nötigt
ihn zum Herrn.
. . . .
Zurück! Er hört nicht. Der Stock wartet deiner. Ich seh ihn
nicht mehr.
An der Hecke schleicht er her, das böse Gewissen verzögert
die Schritte.
Zu mir! Du kreisest weit um mich, schwänzelst, er muß –
Habt ihr noch nie gesehen, was es heißt: Müssen? Hier
seht Ihrs.
Er kann nicht anders.
Du schreist der Schläge: gehorche dem rufenden Worte
des Herrn.

Das ist sie, die Welt der Väter und ihre Herrlichkeit, und des
Stuttgarter Pudels Kern heißt: die alte Zucht.

Dostojewskij, ein glühender Schillerverehrer, hat die Zer-
knirschung Karl Moors ausgekostet und in seinen eigenen
Werken ins Gigantische gesteigert. Jean Jaurès hat sie abgelehnt bei aller sonstigen Bewunderung für den deutschen Dramatiker. »Die Räuber sind viel eher ein desperater Schrei als
ein revolutionärer Appell zum Handeln«, heißt es in seiner
›Geschichte der Französischen Revolution‹, in der die klassische Literatur Deutschlands aufmerksame Beachtung findet.
»Wenn das Werk der Gerechtigkeit die Form des Banditen-
wesens annimmt, so beweist das, daß jeder normale Zugang
zu einer politischen und sozialen Neuordnung versperrt ist.«
Dostojewskij schrieb zu Unrecht 1875: »Die Franzosen haben
Schiller geehrt, aber nicht gelesen und noch weniger verstanden. Rußland hat ihn verstanden.« Die Mittelstellung des
Dichters tritt auch hier zutage. In Württemberg selbst formuliert Christian Schrempf, der radikale Kierkegaardianer, so:
»Karl Moor schätzt die menschliche Ordnung zuerst zu nied-
rig, dann zu hoch ein. Das Stück endet mit einer halbwahren
Demütigung vor Gott und einer wahren Huldigung an den
Staat. Der einzelne *kann* gegen das Gesetz, falls es falsch an-
gewendet ist, recht haben.«

Für Schiller war der Schluß der ›Räuber‹ nur ein Anfang.
Am Ende steht Wilhelm Tell, der den Gewaltherrscher töten
darf und muß. Tellsche Elemente weisen schon Lamartelières

›Brigands‹ auf: sie sind zu Widerständlern promoviert, zu ›Francs-Juges‹, die als Freirichter zusammentreten. Auch die Milderung der Roheiten, der betont männlichen Rüpelhaftigkeit Karls und seiner Kumpane, ist mehr als nur französische Eleganz: intuitive Vorwegnahme der künftigen Helden Schillers.

Trotz aller Abstriche und Zutaten behielt das Stück genug Explosivcharakter, um wie eine Fanfare in die Zeit des Umsturzes hineinzuschmettern. Die revolutionäre Umwelt entband die schlummernden revolutionären Kräfte und steigerte sie. Das Melodrama grub sich gewaltig in die erregten Seelen ein als Volkslied für Männer, wie später die Marseillaise. Breitbeinig, mit offenem Kragen und offenem Herzen, stand ein ganzer Kerl auf der Bühne. In sein grollendes Pathos klangen schrill die Sarkasmen Franz Moors, der sich am Ende unbekehrt erhängte. Diderot – einer der Lehrmeister Schillers mit seinen halb naturalistischen, halb rührseligen Dramen – war überspielt, überschrien. Karl Moor erschien als ein plebejischer Bruder des Plebejers Rousseau, dessen Selbstgeständnisse mit ihren rücksichtslosen Entblößungen die Zeit eben aufgeführt hatten. Wie ein Bruder auch der anderen Stürmer und Dränger, die man in Deutschland so wenig kennt und die Schiller so stark beeindruckt haben: Restif de la Bretonne, der aus der Provinz in die Hauptstadt verschlagene Bauernsohn, dessen formlos breite, safttrotzende autobiographische Romane nichts von ihrer Suggestivkraft verloren haben, und Sébastien Mercier, der mit seinen apokalyptischen Träumereien und seinen Pariser Sittenbildern ebensosehr Epoche gemacht hat wie mit seinen brutalen Angriffen auf die klassische Bühne Frankreichs. 1787 schreibt Mercier begeistert aus Mannheim ans ›Journal de Paris‹ über eine Aufführung der ›Räuber‹.

Dieser stürmische Neubeginn in der französischen Literatur wurde einerseits unterbunden durch die Revolution, die die Energien in andere Richtungen abdrängte, andererseits durch Napoleon, der unter Verleugnung seiner eigenen ossianisch-romantischen Jugend von Staats wegen einen Neuklassizismus dekretierte, wie er fast immer zu Diktaturen gehört. Die wahre freiheitliche Klassik wurde verfolgt – so Schiller und so auch Madame de Staël, seine Prophetin.

Schon am Schicksal der ›Räuber‹ läßt sich diese Entwicklung

aufzeigen. Zugleich wird der zwiegesichtige Charakter des Werkes bestätigt. Die Royalisten haben es mitverantwortlich gemacht für die Aburteilung des Königs durch Volksvertreter. Der Vorwurf ist nicht ganz von der Hand zu weisen. Die wahren Jakobiner witterten das andere, Verdächtige heraus. Robespierre verbot das Stück zur selben Zeit, als er die Girondisten aufs Schafott schickte. Erst 1796 taucht es mit Erfolg wieder auf. Diesmal greift der Polizeichef ein. Das beängstigende Anwachsen des Brigantentums in der Provinz veranlaßt ein Generalverbot aller Räuberstücke, die üppig ins Kraut geschossen waren. Unerwartet wird im Mai 1799 eine Ausnahme für Schillers ›Räuber‹ gemacht. Nicht weniger als sechs Pariser Theater spielen sie in der Zeit vor und nach dem 18. Brumaire bis zum Juli 1800. Die politische Absicht ist klar. Bonaparte, auf dem Weg, Napoleon zu werden, benützt das Stück als propagandistische Verurteilung der Selbsthilfeaktionen, als Symbol für das Auffangen der anarchistischen Energien in einem Kaiserreich. Ein Bataillon der Pariser Garnison wird abkommandiert, um bei den Räuberaktionen auf der Bühne sachgemäß mitzuwirken. Das Kaiserreich ist da: die ›Räuber‹ können gehen. Sie müssen es 1804.

Ihr Übersetzer Schwindenhammer-Lamartelière war inzwischen selbst zur Klassik eines kaiserlichen Finanzinspektors herangereift. Er wurde königlich unter den Bourbonen. Nur ganz zuletzt juckte es den alten Mann doch noch. 1830 legte er eine neue, zahme Umdichtung der ›Räuber‹ vor. Sie fiel durch. Ihre Zeit war um. Die des reiferen Schiller hatte längst begonnen.

Selbst das bürgerliche Trauerspiel ›Kabale und Liebe‹, das 1801 in Lamartelières Übersetzung mit einem Fiasko geendet hatte, genoß jetzt eine Popularität, von der schon die Zahlen künden: sechs Übersetzungen oder Umdichtungen allein im Jahre 1826. Die Zeit hatte für das Schauspiel gearbeitet.

Luise Millerin mußte mißverstanden werden in einer Epoche, wo Frauen für die Freiheit auf Barrikaden oder aufs Schafott stiegen, wenn sie es nicht vorzogen, in Salons die politischen Fäden zu spinnen. Was sollte ihnen die Unschuld vom Lande, die dem adligen Liebhaber nicht in die Flucht folgt und ihm die Väterlehre des Katechismus entgegenhält: Ehe einer Bürgerstochter mit einem Adligen ist Verbrechen an Gott und an der gottgewollten Ordnung.

Nach 1815 ist die Zeit in Frankreich selber gespenstisch zurückgeschraubt auf einen bigotten Ständestaat. Ehen zwischen Adel und Kleinbürgertum sind wieder Ärgernis geworden. Luise Millerin gewinnt Leben und findet Verständnis. Und ganz aktuell tritt ihre Gegenspielerin an die Rampe: Lady Milford, die Schiller bewußt als herrisch freie Engländerin der altständisch gebundenen Stuttgarterin entgegenstellt – als emanzipierte Frau, die nach eigenem Ermessen über sich verfügt, dem Herzog aber die Juwelen hinwirft, als sie erfährt, daß er die Männer des Landes verschachert. Gewiß ist Luise die tiefere Natur. Gewiß auch zerbricht ihre Liebe nicht nur am Klassengegensatz, sondern viel allgemeiner an der lutherischen Erbsündenlehre, die hinter Schillers ganzem Schaffen steht. Aber die Lehre vom Weltverzicht wird bei ihm von Anfang an durchkreuzt vom Willen zur Auflehnung. ›Kabale und Liebe‹ läßt sich sowenig auf das Religiös-Metaphysische wie auf das Politisch-Soziale reduzieren: beides vermischt sich. Luise gibt dem Stück die innere Leuchtkraft, Lady Milford die dramatische Zündkraft. Und der Kammerdiener, der alte schwache Mann, der die Schandtaten seines Fürsten enthüllt, trat ins deutsche Theater wie der steinerne Gast: die Bühne erzitterte. Beaumarchais hat im ›Figaro‹ keine revolutionäreren Akzente gesetzt.

Der literarischen und politischen Reaktion in Frankreich erschien der Dichter als doppelt unsittlich: nach dem Räuber mit dem unverdorbenen Herzen hatte er die Kurtisane mit Edelgefühlen hingestellt.

Die Kurtisane hat unerwartet Karriere gemacht. Aus Lady Milford ist eine Kurtisane erwachsen, die noch heute – mit Verdis Musik in der ›Traviata‹ gekoppelt – die Gemüter berührt: die ›Kameliendame‹ von Alexandre Dumas Sohn, 1852. Eine Romanfassung war 1848 vorausgegangen. 1847 aber hatte Alexandre Dumas Vater ›Kabale und Liebe‹ erneut aufs Theater gebracht. Dem Sohn war das Stück vertraut, vielleicht hat er sogar bei der Übersetzung mitgewirkt (wie Edmond Eggli plausibel gemacht hat).

Der Bezug von Alexandre Dumas Sohn zu Schiller heißt: Sinn für Theatereffekt und genial berechnete Massenwirkung.

Der Unterschied liegt nicht nur im künstlerischen Niveau, er liegt mehr noch im geistigen Engagement. Mit Dumas, Augier, Scribe, Sardou ergreift nach dem Zusammenbruch des romantischen Theaters und dem Scheitern der Revolution von 1848 das arrivierte Bürgertum Besitz von der Bühne. Wie der Adel vor 1789 kann es sich den Luxus des Kritisierens, Frondierens erlauben. Die Kritik bleibt an der Oberfläche. Beide messen ihre Epoche an den ethischen Idealen des achtzehnten Jahrhunderts.

›Don Carlos‹ stammt aus demselben Geist. Merkwürdig, wie das neue, gewandelte Werk einen neuen Übersetzertyp auf den Plan ruft: den neunundzwanzigjährigen Lezay-Marnésia. Er selber war von Geburt ein Marquis und aus Überzeugung liberal. Schon sein Vater hatte als Vertreter des Adels auf den Generalständen die Revolution als Morgenröte der Freiheit begrüßt. Nach Studienjahren in Göttingen wird der Sohn den Jakobinern verdächtig und bleibt es auch dem Directoire. In der Schweiz kommt er dem Kreis der Madame de Staël nahe. Sein langer Brief an Schiller vom 18. März 1799, der die Vollendung des französischen ›Don Carlos‹ meldet, erörtert eingehend, warum Bonaparte die einzige Hoffnung bedeute, aus dem Chaos das große Erbe der Revolution zu retten, die neuen Gesetzestafeln. 1802 in den Dienst des Ersten Konsuls und späteren Kaisers getreten, versucht der Don-Carlos-Übersetzer aufs gewissenhafteste Macht und Recht auszubalancieren und zögert nicht, seine Karriere aufs Spiel zu setzen, um Übergriffen der Armee im besetzten Österreich Einhalt zu gebieten. Das Denkmal des Frühverstorbenen (er kam 1814 bei einem Wagensturz ums Leben) steht noch heute in Straßburg. Er gehört zu den großen humanen Zivilverwaltern, die das Elsaß im Lauf seiner wechselvollen Geschichte gekannt hat – aus der deutschen Zeit wäre Rudolf Schwander als Bürgermeister von Straßburg zu nennen.

Wir müssen uns kurz fassen. Formal bedeutet ›Don Carlos‹ Rückkehr zur ›haute tragédie‹. Die Grenzen, die das höfische Zeremoniell einem Corneille und Racine gezogen hatte, sind freilich gesprengt. Der Bürgerssohn aus dem achtzehnten Jahrhundert kann weit ausholen und breit fundieren. In der Macht und Tiefe der Anlage wird sein Stück bald als Offenbarung von den jungen französischen Romantikern bewundert. Ihm selbst aber ist im ›Don Carlos‹ der Vorstoß über Rousseau hinaus zum schärferen Staatsdenker Montesquieu gelungen, einem der größten, den Europa hervorgebracht hat. Gewiß verwertet die entscheidende Szene Posa vor Philipp zunächst einmal Elemente des eigenen Erlebens: Schiller vor Karl Eugen. Erleben genügt nicht, Geist ist das Tragende – bei Schiller noch mehr als bei anderen. Die Kraft der Idee strahlt durch die Einzelheiten hindurch und bindet sie. Die Idee des ›Carlos‹ ist weitgehend von Montesquieu bestimmt. Auf die einfachste Formel gebracht: Republiken sind für Montesquieu nur in kleinen Staaten möglich – in der Schweiz Wilhelm Tells, im Genua Fiescos (Montesquieu ragt schon in dieses republikanische Trauerspiel hinein). Monarchie ist die beste Regierungsform für mittlere Staaten. Für ganz große scheint der Zwang des Despotismus unerläßlich: Montesquieu ist sehr aktuell geblieben. Auch Schiller! Überwältigend wie am ersten Tag wirkt auf das Pariser Publikum von heute das allmähliche Überschattetwerden der Söhne durch die Welt der Väter. Hinter Posa der König; hinter dem König riesenhaft der Großinquisitor. Wiederum ist Dostojewskij vorweggenommen. Und doch bricht auch hier das andere durch, das Westliche, der Anruf: »Geben Sie Gedankenfreiheit!« Das ist es, was ›Don Carlos‹ und schon die ›Räuber‹ von den expressionistischen Vater-Sohn-Tragödien unterscheidet. Hier Aufschrei und Ekstase, Mord, Brunst und Generalzerknirschung. Dort die scharfe gedankliche Zielsetzung, der Kristall der Idee.

Mit ›Don Carlos‹ als politischem Bekenntnis tritt Schiller in eine lange schwäbische Reihe: zu Johann Jakob Moser, der um der Freiheit willen auf den Hohentwiel gekommen war; zu Schubart, der auf dem Asperg saß; zu Uhland, dem Sänger des guten alten Rechts, der sein Leben wagte, als er 1849 an der Spitze der Abgeordneten den Truppen entgegenging, die den Eintritt ins Parlament sperrten. Hundert Jahre später – im Herbst 1934 – ein anderer stummer und entschlossener Zug: Pfarrer aus ganz Württemberg, die sich um ihren bedrohten Landesbischof scharen und der Gewalt trotzen. Aufstand des Gewissens. Große Lehrmeister sind die Schwabenväter gewesen. Frondeure kann man sie auch nennen, immer auf der Hut vor Übergriffen der Kirche wie des Staates. Demokraten auf ihre Weise – unter Voranstellung der religiösen

Impulse. Schillers Haltung zur Revolution ist damit schon umrissen.

Wir machen hier einen Einschnitt wie Schiller selbst, der seit 1788/89 als Dichter fast zehn Jahre lang verstummt und in die Quellkammern von Philosophie und Geschichte eintritt – nicht um sich vom gewaltigen Schauspiel draußen abzukehren, sondern um es besser zu bewältigen. Seine Aussprüche über die Revolution sind in der Mehrzahl ablehnend, als Ganzes aber so wenig eindeutig wie seine Urteile über Karl Eugen. Die gleiche Zwiespältigkeit zeigt sein Handeln. Im Dezember 1792 will er empört nach Paris eilen, um vor Gericht Partei für den König zu ergreifen. Es ist bei dieser ersten Wallung geblieben, der spontanen Deckung des bedrohten Vaterbildes. Die Ernennung zum Ehrenbürger weist er nicht zurück – auch Klopstock behielt selbst nach dem Terror sein Diplom. Als nach sechs Jahren dasjenige Schillers ankommt (eine falsche Adresse und die Kriegsereignisse hatten die Zustellung verzögert), schließt er es zum Befremden Goethes und des Weimarer Hofes in die Schublade mit den Worten: »Es kann vielleicht meinen Söhnen dienen.« Wunderbare schwäbische Rechenhaftigkeit und Voraussicht! Es *hat* gedient und noch in den eben verflossenen Tagen der Okkupation, als Frankreich in der einen Hand das Kulturpanier schwang und mit der anderen hart in das Leben vieler einzelner eingriff, Nachkommen des Dichters in Lindau von einer schon erfolgten Requirierung befreit.

Aber es geht hier nicht um Anekdotisches, und bei Schiller war anderes im Spiel als egoistische Berechnung: die Sache selbst, die Revolution, als ungeheuer verwickeltes, vielschichtiges Phänomen. Wolzogen berichtete aus Paris darüber auf seine Weise, negativ; Reinhard, der Zugang in die Kulissen hatte, schrieb an Schiller ganz anders, positiv.

Der Rhein zieht keinen Trennungsstrich zwischen Schiller und Frankreich nach dem Schema, das eine stramm patriotische Wissenschaft so lange verkündet hat: drüben Schreckensherrschaft, abgelöst von einer Militärdiktatur; hüben Rettung des bedrohten Menschenbildes in die Arche Noah von Klassik und Romantik, bis über dem neugestalteten inneren Reich die Kuppel des glanzvoll erstandenen äußeren Reichs sich wölbte. Schiller auf eine so enge Weise eindeutschen, hieße ihn vom

Mutterboden *seines* Jahrhunderts, des europäischen achtzehnten Jahrhunderts ablösen, ihn entwurzeln.

Die gemeinsame Wurzel verzweigte sich damals in zwei Richtungen: Frankreich führte den politisch-sozialen, Deutschland den philosophisch-dichterischen Sturm und Drang zum Abschluß.

Vor Georg Lukács und ohne doktrinäre Verhärtung hat die französische Germanistik, die Marx immer ernstgenommen hat, diese Zusammenhänge schon um die Jahrhundertwende aufgezeigt. Sie konnte sich dabei nicht auf das Zeugnis so vieler deutscher Dichter vor 1848 stützen, sondern auch einen Mann der Praxis herbeiziehen, einen Schwaben obendrein, der dank den Bemühungen Otto Heuschels und anderer Schwaben jetzt endlich im rechten Licht erscheint: K. F. Reinhard, der geborene Schorndorfer und naturalisierte Franzose, der zugleich Freund der Girondisten, engster Mitarbeiter von Talleyrand und von Napoleon und vertrauter Korrespondent von Schiller, Humboldt und Goethe war. Daß er auch im Konsistorium der lutherischen Kirche in Frankreich saß, rundet das Bild des ehemaligen Stifters und späteren Grafen und Pair de France ab.

Hegel, der Schwabe in Berlin, stimmt mit Reinhard, dem Schwaben in Paris, überein, wenn er über die Französische Revolution urteilt: »Alle denkenden Wesen haben diese Epoche mitgefeiert, (wo) der Gedanke des Rechts sich mit einemmal Geltung verschaffte.« Der ›code civil‹ hat den Dritten Stand endgültig inthronisiert, und auf der Charta der Menschenrechte bauen bis heute alle Versuche, die Menschheit zu einen, weiter – selbst wenn diese Rechte im Ursprungsland periodisch immer wieder mit Füßen getreten werden, gerade auch heute wieder, und einer Minderheit die Mühe zufällt, »den Geist durch die Anstrengung der konkreten Geschichte hindurchzuarbeiten«. Zuflucht und Rat bieten bei dem mühseligen Geschäft die Denkmale des deutschen Geistes – von der ›Kritik der reinen Vernunft‹ bis zur ›Phänomenologie‹, von ›Faust‹ und ›Tell‹ bis zu Hölderlins Oden.

Schillers Schriften über Philosophie und Geschichte gehören in diesen Zusammenhang. Die ›Ästhetische Erziehung des Menschen‹ ist seine vielleicht umfassendste theoretische Antwort auf die Französische Revolution: gegen Frankreich gedacht und doch Frankreich verpflichtet, zum Teil in Frankreich vor Deutschland verwirklicht.

Der Grundgedanke: innere Wandlung statt des äußeren Umsturzes, ist schon die Moral der ›Räuber‹ und alte schwäbische Haltung. Ideen von Johann Valentin Andreä leben hier weiter, der im Dreißigjährigen Krieg als Ausweg aus Chaos und Barbarei nur eines sah: den Zusammenschluß erleuchteter einzelner. Ein Jahrhundert vorher hatte Johannes Brenz den aufständischen Bauern die Bibel entgegengehalten mit der Weisung: geht in euch.

Das Neue bei Schiller ist der Übergang von religiöser und moralischer Erziehung zu ästhetischer. Die Verbindung ist endlich hergestellt zwischen dem kunstfremden, gläubigen Bürgertum und dem kunstfrohen, religionsentfremdeten Hof. Wahre Kunst ist für Schiller die edelste Blüte von Sittlichkeit und Religion.

Der Weg führt nicht nur nach innen. Kunst wird zum Werkzeug, das Innere nach außen zu gestalten. »Leiblichkeit ist das letzte Ziel aller Wege Gottes«, hatte schon Oetinger gelehrt und vor ihm Brenz: »Der Hauptartikel unserer Religion lautet: Das Wort ward Fleisch.« Das Mysterium der Wandlung bei Schiller weist zurück auf das Wunder der Transsubstantiation. Emil Bock, der schwäbische Theosoph, betont es mit Recht.

Aber die religiösen Antriebe sind nur ein Aspekt dieses neuen Evangeliums. Es ist Stiftung des Wortes in einem anderen Reich, Erlösung der zweckbedingten Kunst in die freie Welt des Spiegels. Erst auf dieser Zwischenebene zwischen irdischem und göttlichem Bereich kann die wahre Gemeinschaft der Freien entstehen. Lassen wir das Wort ›Gemeinschaft‹. Es verhängt wie mit einem Flor die einfachsten Dinge. Das Wort ›urban‹ klärt sie in unserem Fall. Schiller hat die urbane Funktion der Kunst erkannt. Die Urbanität der Kunst, die Einbürgerung des Künstlers in den sozialen Raum haben schon Dürer und nach ihm Heinse und Goethe in Italien schmerzlich-neidvoll bewundert. Die Dichter waren in Deutschland der Nation noch unseliger entfremdet: ausgeschlossen vom Hofe der Fürsten und Knechte der Theologen, jahrhundertelang. Das Wort ist hart. Hölderlin hat es gesprochen. Die Klage seiner Nachfahren haben wir gehört: nirgends ist häufiger von Gemeinschaft die Rede, und nirgends fühlt Dichtung sich unbehauster, nirgends ist Literatur suspekter.

Schiller selbst, einer der tiefsten Historiker, die sein Land hervorgebracht hat, bleibt als solcher ins Taschenbuch für Frauen verwiesen. Napoleon war seine ›Geschichte des Dreißigjährigen Krieges‹ schon um 1805 bekannt. Und Voltaire, das bewunderte Vorbild, hat als Verfasser des ›Karl von Schweden‹ und des ›Zeitalters Ludwigs XIV.‹ Schule gemacht, urban vermittelt zwischen Fachwissenschaft und Publikum, wie vor ihm ein Montesquieu und nach ihm eine Madame de Staël, ohne Heine zu vergessen, dessen kulturhistorische Schriften in ihrer visionären Kühnheit und Tiefe auch heute noch in Frankreich besser verstanden werden als in Deutschland. Daß Schiller darin einen Ehrenplatz erhält, ist auch für sein Weiterleben in Frankreich bedeutsam geworden. Es überrascht nur die, die Heine als Artisten und Wortgaukler hinstellen und nicht sehen, was ihn bei allen Unterschieden mit Schiller verbindet: das Virile, die kämpferische Entlarvung der falschen Mächte. Heine und Marx haben Schillers gesellschaftliche Antriebe tiefer erfaßt als die Germanistik der Hohenzollernzeit.

›Wallenstein‹ oder die Rückkehr zur Dichtung. – Die Wirklichkeit hatte Schiller in neuer Abwandlung den alten Stoff zugeworfen: das Thema des Usurpators. Napoleon erkannte sich im böhmischen Feldherrn. Das ›Théâtre français‹ mußte das Stück zurückweisen. Nicht zufällig ist der Übersetzer ein Freund der Madame de Staël gewesen: Benjamin Constant, ein liberaler Staatsdenker und Verfasser eines scharfsinnigen, schwermütigen Liebesromans ›Adolphe‹, einem Meisterwerk der Analyse.

Seine Walleinstein-Übertragung, 1809 in Genf erschienen, ist ein kurioses, mißglücktes Konzentrat in fünf Akten. Wichtig bleibt die Vorrede ›Réflexions sur le théâtre allemand‹. An ihr schieden sich die Geister: die vom Kaiser geförderte Neuklassik und die Opposition. Sie reichte von Madame de Staël und Chateaubriand, Constant und Senancour bis zur vordrängenden romantischen Generation. Für sie ist Schiller der Befreier von den Verkrustungen geworden, der ideale Mittelsmann zwischen Shakespeare und Frankreich.

Das Deutschlandbuch der Madame de Staël, 1810 auf persönlichen Befehl des Kaisers eingestampft, war nach 1815 in allen Händen. Selbst wo Auszüge aus Schillerschen Dramen nur in homöopathischen Dosen vermittelt wurden, war die schöpferische Nachwirkung erstaunlich. Die paar Abschnitte über die ›Braut von Messina‹ haben eine Diskussion über den Gebrauch des Chors in Gang gebracht, die Racines Chordrama ›Athalie‹ in neuem Licht erscheinen ließ und ihre Wellen bis zur Dichtung des ›Parnass‹ schlug.

Anders klang die ›Jungfrau von Orleans‹ herein: mit der frischen Herzlichkeit der Pastoralsymphonie. Schillers Auffassung der französischen Heldin mußte freilich den Franzosen genauso befremden wie den Araber Voltaires Darstellung des ›Mahomet‹ in der fünfaktigen Tragödie, die Goethe übersetzt und Schiller verdammt hat. Gewiß, sein eigenes Schauspiel ist romantisch gelockert, legendenverbrämt. Und doch läuft durch die Zutaten und Ausweitungen klassisch-schnurgerade die moralisierende Exemplifizierung. Charles Péguy, der Verfasser einer aus dem Volk erhorchten, barock überhöhten und mystisch-katholischen Jeanne d'Arc, hat die vielgerühmte Schillersche Verinnerlichung des Stoffes als liberalistische Verflachung abgelehnt. Sowenig man Karl Moor die Jakobinermütze aufsetzen kann, sowenig darf man einer historischen Gestalt wie dieser eine empfindsame Liebe zu einem Engländer auf dem Schlachtfeld andichten, wofür sie Buße tut und kämpfend – ohne Scheiterhaufen – zum Himmel fährt.

Schillers Johanna wird vielleicht am verständlichsten als emanzipierte Luise, und diese Emanzipierung selbst als Widerschein der aktiv für Freiheit sich einsetzenden Frauen der Revolutionszeit – von Lucile Desmoulins und Madame Roland bis zu Charlotte Corday. Der Dichter gesteht Johanna zu, was er Luisen verwehrt hatte: die Schranken zwischen den Ständen zu überspringen. Aber auch um sie schließt sich alsbald wie ein Ring die harte Welt der Väter. Johanna wird vom eigenen Vater als Hexe denunziert und von Gott-Vater zu männlicher Härte verurteilt, zum gnadenlosen Niedermachen der Feinde. Die historische Jeanne d'Arc ist weder vom Vater angezeigt worden, noch hat sie in der Schlacht das Schwert geführt, nur das Banner vorangetragen. Beide Züge sind von Schiller frei erfunden – frei? Er gehorchte einem inneren Zwang. Auch in seiner ›Johanna‹ reifen die Früchte der Bekehrung auf stockschwäbisch-lutherischem Boden.

Die Engländer reagieren ähnlich befremdet auf die ›Maria Stuart‹ – allen voran Carlyle, der große Schillerverehrer, der seine ersten Eindrücke vom Dichter durch das Buch der Madame de Staël empfangen hatte. Den Franzosen ist das Stück eingängiger. Daß eine Messe darin zelebriert wird, verschaffte Schiller monarchisch-katholische Sympathien, wie schon seine ›Jungfrau von Orleans‹. Auch formal ist er der klassischen Tragödie nie nähergekommen als hier. Den Unterschied zwischen ihm und Shakespeare kann man vielleicht am treffendsten mit den Worten wiedergeben, mit denen Luther den Unterschied zwischen sich und Johannes Brenz gekennzeichnet hat: »Ich bin ein grober Waldrechter, wo *sein* Geist fein säuberlich wie das stille sanfte Säuseln dahinfährt.«
    Auf sanfte, weiche, feminine Züge bei Schiller weist schon die Tatsache hin, daß in diesen beiden Werken des an sich so männlich betonten Dichters zwei Frauen im Vordergrund stehen – zwei Katholikinnen, was andererseits auf Karl Eugen von Württemberg, den liberalen katholischen Herzog, zurückführt, an dessen Hof und in dessen Karlsschule die beiden Konfessionen gleichberechtigt nebeneinander lebten.
    Der genuin römische Katholizismus freilich offenbarte sich damals in Schwaben in einer anderen Form: in den grandiosen Barockkirchen, -plastiken, -fresken der katholischen Gegenden, besonders im Gebiet von Donau und Main. Bühnenweihfestspiele in Dorfkirchen, ästhetische Erziehung eines Bauernpublikums. Schiller selbst ignoriert dieses Barock. Die Jesuiten bleiben für ihn wie für Voltaire Finsterlinge. Und doch besteht ein geheimer Zusammenhang zwischen ihrer Auffassung der Kunst als Führerin, ja Verführerin zum Guten und Göttlichen und der seinigen. Gewiß, bei Schiller ist die Kunst echt lutherisch aufs Wort gestellt. Der Vorwurf unziemlicher Vermengung von Kunst und Religion ist aber auch ihm nicht erspart geblieben. Jean Pauls ›Titan‹ hat hier tiefe Einblicke getan.

›Wilhelm Tell‹ oder die Welt der Väter. – Jetzt erst ist Schiller ganz in seinem Element. Der Durchstoß zur neuen Form ist gelungen. Kriegervereine an Sedantagen haben das Vaterländische im ›Tell‹ als Bestätigung ihrer selbst empfunden. Und als die Volksdeutschen später rudelweise ins Großreich heimgetrieben wurden, galt die Rütliszene als Urbild wesensechter Gemeinschaft im Gegensatz zur entwurzelten Gesellschaft westlicher Prägung. Kunstwerke lassen sich auf die Dauer nicht vergewaltigen. Goebbels mußte das Stück zuletzt absetzen, wie vor ihm die Habsburger. Es *ist* Appell gegen die mißratenen Väter. Geßler und Parricida kommen in dieselbe Hölle: der Tyrann und der Rebell waren vom gleichen Egoismus geleitet. Und um Tell stehen die Verschworenen im Sinn von Lamartelières Freirichtern.

Das Stück ist nicht nur Vorklang der Befreiungskriege. Es ist zuerst schöpferisches Weiterwirken der Revolution, angefangen mit dem bewaffneten Aufstand des Volkes und dem Fall der Bastille Zwing-Uri. Im Scheitelpunkt die feierliche Vollziehung des Gesellschaftsvertrags mit den Formeln von Montesquieu und im gewaltigen Rahmen der freien Natur wie bei Rousseau.

So wie im ›Lied an die Freude‹ Schillers und Beethovens Stimme nicht mehr zu trennen sind, so fließen auch in dieser europäischen Symphonie die Ströme zusammen von der Weichsel bis zur Garonne, von der Rhône bis zur Themse und wiederum zum Rhein: Einheitsfront der Aufklärung. Mächtig dahinter Luthertum und Schwabenerbe, die Kunde vom guten alten Recht und die Verheißung des besseren Reichs, des künftigen Gottesreichs.

Das Ganze souverän erhoben in die freie Welt des Spiels, wo die Strophen und Formeln für Jahrhunderte dahingewürfelt sind, von weither kommen und weithin zielen und doch pralle runde Gegenwart sind, in sich vollendet.

Überblicken wir Schillers Wirkung seit anderthalb Jahrhunderten, so zeichnen sich drei Perioden ab. Triumph der ›Räuber‹ zu Beginn der Revolution mit wechselnden Schicksalen in ihrem weiteren Verlauf. Das übrige Werk bleibt bis 1815 im Hintergrund, wenngleich ›Wallenstein‹ ästhetische Diskussionen auslöst und der ›Geisterseher‹ sowohl wie die historischen Schriften Beachtung finden.

Die Glanzzeit Schillers beginnt nach dem Sturz Napoleons

und des Empire-Klassizismus. Die französische Literatur blüht auf, die Quellen springen, und Schiller wird einer der großen Befruchter. Edmond Eggli hat nicht weniger als 1300 Seiten gebraucht, um den Wirkungen Schillers auf Frankreich nachzuspüren. Seine zweibändige Quellenstudie (Paris 1927) wurde auch von uns dankbar herangezogen. Kein großer Name fehlt darin, die kleineren sind Legion. Wir konnten hier nur ein paar Streiflichter aufsetzen. Allein über die Wirkung der Gedichte ließe sich eine Abhandlung schreiben. Die ›Glocke‹ hat von den Rebhügeln des Neckars bis zu denen der Saône herübergeklungen, wo Lamartine auf sie horchte und sie weiterschwingen ließ.

Die dritte Periode beginnt nach 1850 und dauert bis heute. Schillers Name steht weiterhin am Firmament, hat aber die aktive Strahlkraft verloren, wenngleich Kurt Wais auf Spuren seines Einflusssses bei Sartre hat hinweisen können, denen Käte Hamburger dann nachgegangen ist. ›Don Carlos‹ und ›Maria Stuart‹ erscheinen zwar erfolgreich, aber nur episodisch auf der Bühne. Und warum gehören ›Wallenstein‹ und ›Wilhelm Tell‹ nicht zum Repertoire?

Zur gleichen Zeit aber, als Schiller Frankreich gewissermaßen abhanden gekommen ist, hat Frankreich seinen schillerähnlichsten Dichter hervorgebracht: Victor Hugo.

Es soll hier nicht von Hugo als Dramatiker die Rede sein. Trotz aller Einzelanleihen bei Schiller bleibt er ihm an dramatischer Geschlossenheit und Geisteskraft weit unterlegen. Auch die Lyrik lassen wir beiseite. Hugo war auf diesem Gebiet der große Schöpfer, der Vollender der romantischen Form und durch seine visionären letzten Versbände ein Mitbegründer der modernsten Dichtung. Selbst von seiner Prosa kann auf dem begrenzten Raum nur *ein* Werk herangezogen werden: der schon früher erwähnte grandiose Altersroman ›Les Misérables‹, ›Die Elenden‹, der in Frankreich wie in Rußland und in Amerika noch heute den Massen vertraut, in Deutschland so gut wie unbekannt und doch mit Deutschland, weil mit Schiller, verbunden ist.

Ein Vorläuferroman bei Hugo führt den Titel ›Claude Gueux‹. Wir kennen diesen Gueux, diesen Bettler und Vagabunden. Einer seiner Väter ist Schillers ›Verbrecher aus verlorener Ehre‹. Schon die Kritik der Zeit verwies auf die Ähnlichkeiten.

In den ›Misérables‹ tritt neben den Räuber, Freischärler und im Grund unverdorbenen Menschen sein Gegenspieler, der Polizist. Nicht der brutale Scherge oder der Beamte in Uniform, sondern der Polizist aus Leidenschaft, der geheime Bruder, der im Dienst der Legalität auf denselben Schleichwegen wandelt wie der Verbrecher illegal. Schiller hatte sie konfrontiert, ineinanderverflochten im großartigen Dramenprojekt der letzten Jahre, dem sogenannten ›Polizeistück‹, das in verschiedenen Entwürfen vorliegt. Balzac, der den deutschen Dichter heiß bewunderte und das Projekt aus der sechsbändigen Schiller-Übersetzung von Prosper de Barante kannte, hat sich daran für sein Drama ›Vautrin‹ entzündet. Auch hier geht es um die Aufdeckung eines Kinderraubes, der eine weitverzweigte Verbrecherbande mit einem ebenso raffiniert durchorganisierten Polizeisystem, an dessen Spitze der Polizeimeister von Paris steht, in Spiel und Gegenspiel bringt.

Die Aufführung von Balzacs Drama im Theater der ›Porte Saint-Martin‹ (14. März 1840) wurde zu einem Mißerfolg. Unter veränderten Zügen ist Vautrin dann als eine der erregendsten Gestalten in die Romanserie der ›Comédie humaine‹ übergegangen. Die Polizeihandlung aber hat ihren genialen Gestalter in Victor Hugo gefunden. Gewiß, Schillers Anregung war nur eine unter vielen anderen. Das Wesentliche hat Hugo aus sich selbst geschöpft. Anlage und Umwelt stießen ihn auf die gleichen Probleme wie den deutschen Dramatiker: die Macht der Väter, die Auflehnung gegen ihren Zwang, die Bewunderung für ihre Herrlichkeit.

Noch ein dritter Name muß hier genannt werden, er drängte sich uns schon früher auf: Stendhal. Sein Roman ›Rot und Schwarz‹ entnimmt nicht weniger als sechs seiner Mottos aus Schillers Werken. Und was ist Julien Sorel, der arme, begabte, von Ehrgeiz und Leidenschaft zerfressene Held dieses tiefschürfenden psychologischen Romans, anderes als ein Bruder von Schillers Ausgestoßenen, die mit Gewalt zur Macht gelangen wollen?

Was Balzac, Hugo und Stendhal merkwürdig eint, ist ihr Durchbruch zum modernen gesellschaftskritischen Roman unter Abkehr vom romantischen Theater. An einen ›Don

Carlos‹ hatten alle drei einmal gedacht. Alle drei haben aber dann nicht an den Schiller der Jambentragödien angeknüpft, sondern an den Schiller der Erzählungen, des ›Geistersehers‹ und des Polizeistücks, in denen als Keim der Zukunft eine neue, scharfe und tiefe Art des Realismus beschlossen lag. Mit ihm hat der deutsche Dichter Anregungen weitergegeben, die ihm selber aus Frankreich zugekommen waren. Verbrecherische Intrigen wie die des Polizeistücks bot ihm sein immer wieder gelesener ›Pitaval‹ in Hülle und Fülle. Die Atmosphäre aber fand er bei den Stürmern und Drängern Frankreichs; in den Großstadtromanen von Restif de la Bretonne und im ›Tableau de Paris‹ von Sébastien Mercier, pralle und düstere, bis an den Rand von Leben und Figuren erfüllte Bücher. Es ist rührend zu sehen, wie der todkranke Dichter in Weimar, der verwunschenen Kleinstadt mit ihren sechstausend Einwohnern, gewissermaßen das Ohr an den Boden legt, um durch all diese Werke hindurch das unterirdische Hämmern und Pochen der Riesenstadt zu hören, in der die Industriegesellschaft des neuen Jahrhunderts schon ihre ehernen Züge anzunehmen beginnt.

Schiller eilt seiner Zeit hier weit voraus. Er führt über Büchners Appell an das hessische Landvolk bis zur ersten an die Wurzeln greifenden Schilderung des Großstadtelends: ›Die Lage der arbeitenden Klassen in England‹ des jungen Friedrich Engels, 1845. Nichts zeigt besser die Zerrissenheit der Nation, als daß Engels inzwischen östlich der Elbe zum Kirchenvater aufgestiegen ist, westlich der Elbe aber mit dem Bannstrahl belegt bleibt. ›Zum innern Reich‹ hängt auch nach 1945 in den Lesebüchern als Schild über einer Literatur, die unter Goebbels so paradox als Agrarliteratur aufmontiert worden war. Riesenstilleben in einer Zeit, wo die Maschinen immer dröhnender, der Rhythmus und die Gier immer schärfer wurden, wo Franz Moor in Schlüsselstellungen saß, die Schufterle allenthalben ins Kraut schossen und für den Sekretär Wurm ungeahnte Möglichkeiten sich auftaten, als aus den böhmischen Wäldern kein Räuber, sondern ein Raubtier ausbrach. Das Ganze mit Spießerzügen, Zitaten aus der ›Glocke‹ und Blumenpflege in Konzentrationslagern..

Die Verharmlosung und spätere Kastrierung Schillers beruht primär nicht auf einem Verfall des Geschmacks, sondern auf der Verkümmerung des moralischen Gewissens und politischen Ethos.

Beispielhaft verkörpert Victor Hugo dieses Ethos in der zweiten Jahrhunderthälfte. Nicht umsonst sind seine ›Elenden‹ nach 1850 entstanden – in der harten Verbannung, die der Dichter sich auferlegt hatte, als aus den Trümmern des Volksaufstandes von 1848 die düstere Abenteuerfigur des kleineren Napoleon aufgestiegen war, der dann im Krieg zusammenbrach, in den er sein Land hineingezogen.

Fels des Widerstandes: das war keine Metapher. Die kleine Insel Guernesey, wo Hugo zwanzig Jahre einsam verbrachte, war ein Fels, auf den die Republik gebaut hat – kein Hiddensee, wo ein Dichter, vegetativ mit den Kräften der Erde verflochten, dem All entgegenträumte. Welt der Männer, Herrlichkeit der Väter: das bringt Schiller und Hugo zusammen. Ästheten haben den ›Elenden‹ die Mischung von Kolportage und Rhetorik vorgeworfen. Die Kehrseite heißt hier wie bei Schiller: intensive dichterische Spannkraft, unerschöpfliche Fabulierkunst, großartiger Gedankenbau. Dem gewaltigen Gemälde des machtbesessenen oberen Paris und des unterirdischen Paris der Entrechteten haben die Historiker heute die gleiche Wahrheit zugestehen müssen wie dem ›Wallenstein‹: eine dichterische Wahrheit, die schärfer sieht und tiefer lotet als die der Fachgelehrten.

Der Funke zündet weiter. Schiller hatte Ludwig XVI., den er unschuldig glaubte, vor Gericht verteidigen wollen. Hundert Jahre später steht in Paris ein Schriftsteller vor Gericht, wirft – als Bürger und als Dichter – sein Wort in die Waagschale, und die Schale senkt sich: Zola rettet den unschuldigen jüdischen Hauptmann Dreyfus. Und als vor bald fünfzig Jahren die Völker Europas, im Wahn, der Pfingstgeist habe sie in heiliger Gemeinschaft gegen den Nachbarn zusammengeschweißt, zur gegenseitigen Abschlachtung antreten: da steht am ersten Tage ein Mann auf, von Krankheit gezeichnet wie Schiller und wie er vom Feuer der Vernunft durchglüht: Romain Rolland.

Seine Mitkämpfer können an den Fingern aufgezählt werden – von H. Mann bis Annette Kolb und Schickele. Hesse gehört dazu – im Innern unerschütterlich, nach außen verhaltener, der Religion stärker verhaftet – nochmals der alte Unterschied.

Gemeinsam mit Hesse und Rolland, wie auch Victor Hugo und Schiller, die Verwurzelung im Geist des achtzehnten Jahrhunderts. Albert Schweitzer, der aus dem gleichen großen Jahrhundert kommt, definiert diesen Geist als schöpferische Einheit von Enthusiasmus und Vernunft.

In einer vernunftbedürftigen Zeit wollen wir mit der Vernunft schließen. Der französische Ausdruck dafür lautet: bon sens. Der schwäbische Ausdruck heißt: Nüchternheit.

Schiller hat das Wort an Hölderlin weitergegeben: »Bleiben Sie der Sinnenwelt näher, so werden Sie weniger in Gefahr sein, die Nüchternheit über der Begeisterung zu verlieren.« Der Rat ging nicht verloren. Der deutsche Dichter, heißt es bei Hölderlin, sitzt am Bach unter Ulmen »und singt, wenn er des heilig-nüchternen Wassers genug getrunken«. Die sakrale Steigerung des Begriffs ist nicht ungefährlich, und doch ist sie zugleich legitimer Anschluß an die Schwabenväter – an Brenz, Oetinger, Bengel, für die alle Luther der Befreier war als der »unerschrockene, nüchterne Mann«, und Nüchternheit eine Kardinaltugend. Ein pietistischer Merkzettel Bengels zählt auf: »Gebet und Danksagung, Vertiefung, ernster Eifer, Mildtätigkeit, Sparsamkeit, Nüchternheit. Ein Aufatmen zu Gott in der Tätigkeit.«

Das ist es auch bei Schiller immer wieder: ein Aufatmen zu Gott in der Tätigkeit. Das ist sein Ernst und seine rührend kindliche Unschuld, die Herzlichkeit unter so viel Berechnung, das Lächeln der Versöhnung dessen, der – um wieder mit Bengel zu reden – »in kostbaren Augenblicken sich zur Vaterbrust durchschmiegt«. So auch hat Madame de Staël, die große Seelenkennerin, ihn für immer ins Gedächtnis der Franzosen eingegraben: in dieser unerhörten Kraft zur Reinheit – »l'innocence dans le génie, la candeur dans la force«.

Ein letztes Mal rufen wir sie auf, greifen zurück auf ihre erste Begegnung mit Schiller in der Weimarer Gesellschaft. Hager, bleich, erschöpft lehnte er an einer Säule. Er trug Hofuniform. Sie kannte ihn nicht, hielt ihn für einen General. Aus Geistesschlachten war er hervorgegangen, erschöpft und siegreich.

Das ist es, was uns an seinen Werken immer wieder den Atem verschlägt, die fragwürdigen Einzelheiten zusammenzwingt, in Syntax und Rhythmus beinahe körperlich spürbar wird: das Aufrauschen der Flügel.

Nachwort

Die ersten drei Essays sind aus Vorträgen in der ›Akademie der Wissenschaften und der Literatur‹ in Mainz erwachsen. Der vierte ist, leicht verändert, bei der Zehnjahresfeier des Goethe-Instituts in München vorgetragen worden; der fünfte im Ludwigsburger Schloß zur Feier von Schillers zweihundertstem Geburtstag. Hinter allen fünf Studien stehen französische Vorlesungen an der Sorbonne und am Collège de France. Abänderungen des ursprünglichen Textes wurden nur selten vorgenommen. Schon die Einbeziehung der sich überstürzenden Lesebuchreformen hätte die Proportionen gesprengt und Wesentliches verwischt. Dem Leser bleibe es überlassen, die Linien weiter auszuziehen.

Ungern hat der Verfasser auf einen umfangreichen Anmerkungsapparat verzichtet. Fußnoten sind nicht zwangsläufig Handschellen. Den wahren Kenner durchströmt Behagen, wenn er sich im Gewölbe der vielfältigen Belege, umständlich erörterten Detailfragen, bibliographischen Hinweise ergeht. Er weiß, daß aus dem Staub ein paar gute Tropfen für ihn herauszuholen sind.

Die Not mußte zur Tugend werden. Wir Literaturbeamte sitzen vielleicht zu andauernd hinter dem Schalter, stellen unsere Zettel aus wie Invalidenrenten, verlangen Ausweise im selben Schema zurück. Die Kastentrennung ist zu streng. Eifersucht der Zünfte verbietet Grenzüberschreitungen. Soziologie und Psychologie bleiben der deutschen Literaturwissenschaft besonders suspekt und vice versa. Sehr erstaunlich – Kenntnis des Herzens und Einblick in die Kulissen der Welt dürfte für alle gleich wichtig sein. Man bemängelt die Fachsprache der andern; die eigene ist üppig ins Unkraut geschossen.

Es soll hier versucht werden, wie alte Landärzte es tun, wieder einmal das Ganze in den Griff zu bekommen, sei es auf noch so unvollkommene Weise. Und heiter zu bleiben bei allem dunkleren Einstrom – dem Tribut an eine dunkle Zeit. Es lebe Cervantes, Swift und Voltaire, Wieland, Heine und der geliebte Ludwig Tieck! Scheherazade soll unsere Muse heißen.

Literaturgeschichte – ein Riesenmärchenteppich, bunt, verworren, Oberon ruft und reitet hindurch. Ein jeder glaubt, den roten Faden erwischt, den weißen Hirsch erlegt zu haben. So weiß ist er freilich doch nicht, sagen die einen; von weiß keine Spur, die andern. Reputationen bauen sich auf, werden abgebaut. Das Grundgefühl bleibt: irgendein Sinn steckt hinter dem Ganzen. Man müßte ihn besser heraushören können.

»Der letzte Ton fehlt dem Goldammermännchen zum Liede. Sing du ihn, Sohn« – schreibt Wilhelm Lehmann, der große Essayist, der große Dichter.

Zeittafel

1902	geboren am 23. 8. im elsässischen Städtchen Wasselonne
1909	Gymnasialzeit in Straßburg
1919—1921	Musik- und Philosophieunterricht bei Albert Schweitzer
1921	Aufnahme in die Ecole Normale Supérieure, Paris
1923	Gründung einer Gruppe zum Empfang deutscher Schriftsteller in der Ecole Normale Supérieure (darunter W. Mehring, Tucholsky, E. R. Curtius, Th. Mann, Hofmannsthal, H. Mann)
1927—1933	Lektor an der Universität Straßburg
1934	Universität Nancy
1936	dort Professor für deutsche Literatur- und Kulturgeschichte. Habilitationsschrift: »L. Tieck, un poète romantique allemand« und »Die religiöse Entwicklung von K. Ph. Moritz«
1937	Beginn der Freundschaft mit A. Döblin. Enge Kontakte zur Emigration
1939	ab Herbst bis Juni 1940 bei Jean Giraudoux im Informationsministerium
1940	interimäre Professur an der Universität Grenoble, da aus politischen Gründen Rückkehr nach Nancy nicht möglich
1944	von Januar bis August Flucht vor der Gestapo
1945	Rückkehr nach Nancy
1947	»Allemagne et Allemands, histoire culturelle«. Mitbegründer des Komitees »Aufnahme der Beziehungen mit einem neuen Deutschland«
1951	Professur an der Sorbonne. Publikationen in Fach- und anderen Zeitschriften. Auslandsvorträge
1952	Korr. Mitglied der Akademie der Wissenschaften und der Literatur, Mainz
1956—1957	Chefredakteur der Zeitschrift »Allemagne d'aujourd'hui«
1957	Professor am Collège de France, Paris. Korr. Mitglied der Deutschen Akademie für Sprache und Dichtung
1958	Mitglied der Académie septentrionale, Paris
1959	Herausgeber der »Cahiers de l'Association française des Mais d'Albert Schweitzer«. Ehrenmitglied der Académie d'Alsace.
1960	Jean-Paul-Medaille

1961	Goldene Medaille des Goethe-Instituts, München
1962	*Kultur und Literatur in Deutschland und Frankreich*
1963	Hebel-Preis des Landes Baden-Württemberg
1965	Dr. h. c. der Universität Tübingen
	Begegnungen mit Albert Schweitzer (Sammelband, hrsg. zusammen mit H. W. Baehr)
1966	Aufbau des Albert-Schweitzer-Archivs in Günsbach
1967	*»Dichter in der Gesellschaft«.* Chefredakteur des alljährlich erscheinenden »Panorama des événements mondiaux, encyclopédie permanente«.
1968	»Hebel, der erasmische Geist« (Einleitung zur Ausgabe Johann Peter Hebel, *Werke,* hrsg. von Eberhard Meckel, Insel Verlag, Frankfurt am Main)
1969	Goethe-Preis der Hansestadt Hamburg
1970	Korr. Mitglied der Akademie der Künste, Berlin
1971	Inter Nationes-Preis
1973	*»Glaube, Skepsis und Rationalismus«* (Neuveröffentlichung der Dissertation *»Die religiöse Entwicklung von K. Ph. Moritz«,* 1936)

Von Robert Minder
erschienen im Suhrkamp Verlag

Wozu Literatur? Reden und Essays. 1971.
Bibliothek Suhrkamp 275 S. 180 S.
Dichter in der Gesellschaft. Erfahrungen mit deutscher und fran-
zösischer Literatur. *suhrkamp taschenbuch* 33. 394 S.
Glaube, Skepsis und Rationalismus. *suhrkamp taschenbuch wissen-
schaft* 43

Von Robert Minder
erschienen im Insel Verlag

Dichter in der Gesellschaft. Erfahrungen mit deutscher und fran-
zösischer Literatur. 1966. Ln. 401 S.
Hebel, der erasmische Geist. Einleitung zur Ausgabe Johann Peter
Hebel, Werke. Hrsg. v. Eberhard Meckel. 2 Bde. 1968 Ln. 1072 S.

st 359 Blick vom anderen Ufer. Europäische Science-fiction
Herausgegeben und mit einer Einleitung von
Franz Rottensteiner
Phantastische Bibliothek Band 4
258 Seiten
Das Buch beabsichtigt, ein möglichst vielseitiges Spektrum
anspruchsvoller Science-fiction zu bieten. Der Bogen
reicht von der ätzenden Anti-Kriegsgeschichte und dem
psychologischen Schrecken eines Sewer Gansowski bis
zum liebenswürdigen Humor Wadim Schefners, von der
mythischen Parabel Iwanows bis zur romantisch-melan-
cholischen, lyrisch gestimmten Geschichte des Franzosen
Gérard Klein. Das Glanzstück der Anthologie stammt
von Stanisław Lem, der in seiner Novelle virtuos die
verschiedensten Möglichkeiten der Jagd nach dem flüch-
tigen Glück durchspielt und Weltbeglückungsideen parodiert und ad absurdum führt.

st 360 Hermann Hesse, Kleine Freuden. Verstreute und
kurze Prosa aus dem Nachlaß
Herausgegeben und mit einem Nachwort von Volker
Michels
391 Seiten
Der unerwartete Erfolg der ersten Sammlung von Hesses
betrachtender und erzählender Kurzprosa aus dem Nachlaß, die 1973 unter dem Titel *Die Kunst des Müßiggangs* (st 100) erschien, war Anlaß, einen weiteren Band
mit Texten zusammenzustellen, die Hesse zu seinen Leb-
zeiten in keiner Buchausgabe gesammelt hat und die
folglich auch in der Werkausgabe fehlen. Die meisten
dieser Stücke sind als »Feuilletons« in zahlreichen deutschen, schweizerischen und österreichischen Zeitungen
und Zeitschriften erstmals gedruckt worden.

st 361 Helmuth Plessner, Die Frage nach der Conditio
humana. Aufsätze zur philosophischen Anthropologie
198 Seiten
Plessner stellt die Frage, welches die »vor-menschlichen«

Bedingungen sind, die menschliche Existenz, bevor sie sich in historisch je variabler Form zu entfalten vermag, entscheidend prägen. Zwar ist der Mensch ungebunden insofern, als er sich geschichtlich immer wieder »anders« realisiert; aber seinen Realisierungsmöglichkeiten liegen anthropologische Konstanten zugrunde, die ihn spezifisch festlegen. Indem Plessner Grundmodalitäten menschlichen Handelns untersucht, stellt er zugleich die Frage nach Möglichkeit und Grenzen geschichtlicher Veränderungen.

st 362 Wolfgang Hildesheimer, Theaterstücke. Über das absurde Theater
186 Seiten
Dieser Band vereinigt die folgende Theaterstücke: *Pastorale* (1958, Neufassung 1965), *Die Verspätung* (1961), *Nachtstück* (1962) und bringt am Schluß die Rede *Über das absurde Theater* (1960), die heute zum Pflichtpensum auch vieler Theaterseminare nicht nur in Deutschland gehört.
»Die Arbeiten Wolfgang Hildesheimers bezeichnen ... den deutschen Zweig jener ›engagierten‹ Literatur, die im Absurden das Tragische aufspüren will.«
Claus Henning Bachmann

st 363 Wolfgang Hildesheimer, Hörspiele
158 Seiten
Inhalt: *Das Opfer Helena* (1955), *Herrn Walsers Raben* (1960), *Unter der Erde* (1962), *Monolog* (1964)
»Hildesheimers Rundfunkdichtungen zeugen von der gleichen skurrilen Phantastik und der gleichen zeitbezüglichen Ironie, die auch den Geschichten des Autors ihr ganz eigentümliches Gepräge geben.«
Kieler Nachrichten

st 365 Ambrose Bierce, Das Spukhaus.
Gespenstergeschichten
Deutsch von Gisela Günther, Anneliese Strauß und K. B. Leder
Phantastische Bibliothek Band 6
166 Seiten
Neben den grausamen, den Krieg als Barbarei entlarven-

den Geschichten aus dem amerikanischen Bürgerkrieg
schrieb Bierce auch Gespenstergeschichten, die sich durchaus mit denen Poes messen können. »Bierce hat sich gleichermaßen als ein Meister der makabren Phantasie und
der knappen realistischen Erzählweise erwiesen.«

Frankfurter Rundschau

st 366 E. L. Doctorow, Das Buch Daniel. Roman
Aus dem Amerikanischen von Thomas Schlück
342 Seiten
Doctorow benutzt das historische Material eines skanda-
lösen Prozesses, in dem 1950 ein jüdisches Ehepaar wegen angeblichen Verrats des Atombombengeheimnisses an
die Sowjetunion auf dem elektrischen Stuhl hingerichtet
wurde, als Idee eines packenden, hochaktuellen Buches.
»Zwar hat es in der sogenannten Schönen Literatur an
gesellschaftskritischem Engagement der Autoren keinen
Mangel, aber nur ganz wenige Schriftsteller nehmen es
auf sich, die Politik ihres Landes, ihrer Regierung mit
all den vielfältigen Folgen für einzelne Bürger zum
Thema eines Romanes zu machen. Schon allein aus diesem Grund ist *Das Buch Daniel* des Amerikaners E. L.
Doctorow eine Rarität.«

Helmut M. Braem, Stuttgarter Zeitung

st 367 Stuart Gilbert, Das Rätsel Ulysses.
Eine Studie
Ins Deutsche übertragen von Georg Goyert
Für die Taschenbuchausgabe neu durchgesehen und mit
Zitaten aus der Frankfurter Joyce-Ausgabe
316 Seiten
Seit der ersten Auflage dieses aufklärenden Buches, das
noch unter Mitwirkung von Joyce geschrieben wurde,
gilt sein Autor als der gründlichste Kommentator des
Ulysses. Auf dem Hintergrund genauer Kenntnis sowohl
des Joyceschen Gesamtwerks als auch der wesentlichen
Literatur zu Joyce zeigt Gilbert Voraussetzungen, Zusammenhänge, Querverbindungen, Entsprechungen.
»Gilberts Analysen sind Orientierungshilfen für die Lektüre, überdies ausgezeichnete Hinweise für die Interpretation. Eine enorm wichtige Studie zu einem der wichtigsten Romane dieses Jahrhunderts.«

Aachener Nachrichten

st 368 Hermann Hesse, Die Verlobung.
Gesammelte Erzählungen. Band 2 1906–1908
Zusammengestellt von Volker Michels
390 Seiten
Der zweite Band dieser auf vier Bände angelegten Taschenbuchausgabe enthält Erzählungen aus Hesses Gaienhofener Jahren. Die übrigen drei Bände haben die Titel *Aus Kinderzeiten.* Band 1 1900–1905 (st 347); *Der Europäer.* Band 3 1909–1918 (st 384); *Innen und Außen.* Band 4 1919–1955 (st 413).

st 369 Alexander Weissberg-Cybulski, Hexensabbat
Mit einem Vorwort von Arthur Koestler
382 Seiten
Die »Große Säuberung« 1936–1938 im Rußland Stalins mit ihren rund zehn Millionen Opfern war mehr als nur eine Episode in einem diktatorischen Regime. Daß dieses Buch kein Buch der Schrecken ist, ist dem Verfasser zu danken, dessen unverwüstlicher Optimismus und Mut seinen Bericht aus den russischen Gefängnissen in erstaunlichen Gegensatz zum schrillen Ton der üblichen Gefangenenliteratur stellt.

st 370 Alejo Carpentier, Explosion in der Kathedrale.
Roman
Aus dem Spanischen übersetzt von Hermann Stiehl
380 Seiten
Dieses Werk ist ein im besten Sinn traditionell geschriebener, im Tenor aber moderner historischer Roman: Sein indirekter Hinweis auf das Zeitgeschehen in Cuba ist unverkennbar. Sein Thema: die Begegnung verschiedener Kulturen beim Transport der Französischen Revolution und ihrer Freiheitsideen auf die Antillen, Perversion der Ziele durch den Widerstand von Menschen und Dingen. Dennoch hat, in dem scheinbar tödlichen Kreislauf der Geschichte, Geschichte stattgefunden und die Explosion in der Kathedrale, die Revolution, ihre wandelnde Kraft bewiesen.

st 371 Siegfried Kracauer, Das Ornament der Masse.
Essays
Mit einem Nachwort von Karsten Witte
356 Seiten
Eine Erkundung der »Exotik des Alltags, abenteuerlicher

als eine Filmreise nach Afrika« nannte Kracauer 1929 seine Studie über die Angestellten. Diese Charakterisierung trifft auch auf die Essays zu, die in diesem Band versammelt sind, von denen viele in der »Frankfurter Zeitung« veröffentlicht wurden. Sie handeln von Straßen, Lokalen und Passanten, von Film und seinem Publikum, von Büchern, Gedanken und scheinbar ganz harmlosen Dingen, die erst unter Kracauers Blick zwielichtig werden, vertrackt und hintergründig.

st 372 Ernst Penzoldt, Die Powenzbande. Zoologie einer Familie
288 Seiten
»Ein lustiges Buch, *diese Powenzbande*«, schrieb Thomas Mann, »ein Schelmenstück, die kindlich-drollige Verschwörung kleiner sozialer Selbsthelfer gegen die ›Ordnung‹ und ihre grimmige Dummheitsmiene und also so ganz und gar harmlos nicht.«

st 374 Vision und Politik. Die Tagebücher Theodor Herzls
Auswahl und Nachwort von Gisela Brude-Firnau
344 Seiten
Herzls Tagebücher sind historischer Kommentar und intensive Selbstaussage. In seltener Synthese ergänzen sich hier Literatur und Politik, Gedanke und Handlung. Die Tagebücher zeigen, daß Herzls Forderung eines ethisch fundierten Staates, der Toleranz und jüdisch-arabische Koexistenz ermöglicht, die einzige Alternative war gegenüber der vorausgeahnten Apokalypse. Abgeschlossen wird der Band durch ein ausführliches Nachwort, das die historische und literarische Bedeutung der Tagebücher kommentiert, die Dreyfus-Legende widerlegt und für die erneute Beachtung Herzls als Schriftsteller plädiert.

st 375 Hermann Broch, Philosophische Schriften
Kommentierte Werkausgabe, herausgegeben von Paul Michael Lützeler
Bd. 1 – Kritik, 314 Seiten
Bd. 2 – Theorie, 334 Seiten
Band 1 enthält Brochs Kulturkritik, seine Positivismus-Kritik und die Rezensionen. Die kulturkritischen Stellung-

nahmen reichen von den frühen, durch Schopenhauer und Nietzsche beeinflußten Aphorismen aus dem Jahre 1908 bis zu den Reflexionen über die philosophischen Aufgaben einer internationalen Universität von 1946. Die Studien zum Positivismus zeigen Broch in der Auseinandersetzung mit B. Russell, L. Wittgenstein und den Vertretern des Wiener Kreises während der 30er Jahre. Bei den Rezensionen handelt es sich um Besprechungen der Werke von M. Adler, E. Bloch, J.-P. Sartre, E. von Kahler u. a.

Band 2 enthält die Beiträge zur Wert- und Geschichtstheorie, die erstmals ein adäquates Bild von Brochs eigenständiger philosophischer Leistung in den 20er Jahren vermitteln. Sie werden ergänzt durch seine erkenntnistheoretischen Abhandlungen.

st 376 Das Gedicht. Eine Sammlung von Benno von Wiese
192 Seiten
»Sich Gedichten verweigern heißt, das Gespräch untereinander unterbrechen wollen.« *Benno von Wiese*

st 377 Milan Kundera, Das Leben ist anderswo. Roman
Aus dem Tschechischen von Franz Peter Künzel
368 Seiten
Der Roman, 1973 in Frankreich erstveröffentlicht, ist die Geschichte des einzigen Sohnes einer Prager Bürgerstochter, die, von ihrem Mann enttäuscht, vom Sohn Jaromil Entschädigung verlangt: er soll der apollinisch vollkommene Dichter werden. »In Jaromil verkörpert sich ein tschechisches Schicksal der Mitte des 20. Jahrhunderts. Im Hintergrund scheinen die markanten historischen Ereignisse der Jahre 1938 und 1968 auf.« *Berner Tagblatt*

st 378 Adolfo Bioy Casares, Fluchtplan. Roman
Aus dem Spanischen von Joachim A. Frank
136 Seiten
In diesem Roman ist die Insel ein Archipel mit Gefängnisanstalten (die Teufels- oder Salutinseln). Der Briefschreiber, der dorthin strafversetzte Leutnant Nevers, soll dem Gouverneur Castel zur Hand gehen. Tage verstreichen, ehe er Castel, über den sonderbare Gerüchte im

Umlauf sind, kennenlernt. Eine der Inseln wird Nevers verboten. Er versucht, das Geheimnis zu lüften. Seine Briefe nach Hause, seine Tagebucheintragungen melden seine Erkundungen und Schlüsse, Ergebnisse, die er immer wieder berichtigen muß.

st 379 Christiane Rochefort, Das Ruhekissen. Roman
Aus dem Französischen von Ernst Sander
304 Seiten
Erzählt wird die Geschichte von Liebe und Hörigkeit einer Frau. Sie verfällt einem jungen, süchtigen Intellektuellen, der seine ganze Intelligenz nutzt, um diese Frau immer tiefer zu erniedrigen. Wie dann in der tiefsten Krise, in der beide zugrunde gehen müßten, die Idee des Lebens triumphiert, das gehört zu den erstaunlichen Wendungen dieses erstaunlichen Buches.

st 380 Hermann Hesse, Briefe an Freunde.
Rundbriefe 1946–1962
Zusammengestellt von Volker Michels
272 Seiten
Seit 1946, seit der Verleihung des Nobelpreises an Hermann Hesse, nahm der tägliche Posteingang an Leserbriefen solche Dimensionen an, daß Hesse einen Ausweg finden mußte, der es ihm ermöglichte, seinem Grundsatz treu zu bleiben und den Fragen nicht auszuweichen, ohne ihm doch die schriftstellerische Produktion zu opfern. So half er sich von 1946 bis zu seinem Lebensende mit einer neuen literarischen Gattung, seinen »Rundbriefen«, die es ihm erlaubten, sowohl auf die am häufigsten wiederkehrenden Leserfragen zu reagieren, zeitgenössische Bücher zu empfehlen als auch seine neuen Erlebnisse und Erfahrungen festzuhalten und zu gestalten.

st 381 Hermann Hesse, Die Gedichte. 2 Bände
Neu eingerichtet und um Gedichte aus dem Nachlaß erweitert von Volker Michels
zus. 842 Seiten
Mit mehr als 680 Gedichten ist dies die bisher vollständigste Ausgabe der Lyrik Hesses. Die Gedichte sind in zeitlicher Folge angeordnet. Beginnend mit dem frühesten Gedicht aus dem Jahre 1892 (Nachlese) und ergänzt

um die späten Gedichte, sowie erstmals um die wichtigsten humoristischen und zeitkritischen Gedichte aus dem Nachlaß, ergeben diese Bände eine Art lyrischer Autobiographie.

st 383 Hermann Hesse, Kurgast. Aufzeichnungen von einer Badener Kur
112 Seiten
»Eine Badereise mit ihren tragikomischen Alltäglichkeiten wird dem Dichter zum Anlaß, das Zusammenleben der Menschen in einer Folge von gutgelaunten, idyllischen philosophisch beschaulichen Szenen zu durchleuchten. Mit Entzücken sieht der Leser durch den lebenschaffenden Blick des Dichters in diesem Mikrokosmos die Formenfülle und Merkwürdigkeit der Welt.«.

Oskar Loerke

st 384 Hermann Hesse, Der Europäer.
Gesammelte Erzählungen. Band 3 1909–1918
Zusammengestellt von Volker Michels
372 Seiten
Der dritte Band dieser auf vier Bände angelegten Taschenbuchausgabe enthält Erzählungen aus Hesses letzten beiden Jahren am Bodensee, die mit der Indienreise ihren Abschluß fanden, sowie Erzählungen aus den Jahren bis 1918, der Zeitspanne vor und während des Ersten Weltkriegs, als er in Bern lebte. Die Jahre des Ersten Weltkriegs waren Hesses politische Lehrzeit. Damals sammelte er die Erfahrungen, ohne die sein unbestechlicher Vorausblick für die künftigen politischen Entwicklungen nicht möglich gewesen wäre.

st 385 Hugo Ball, Hermann Hesse. Sein Leben und sein Werk
186 Seiten
»Aus dem Konflikt von Zeit und Kultur gelingt Hugo Ball die Deutung manches großartigen Widerspruchs, den wohl der eine oder andere Leser der Hesseschen Bücher festzustellen meint: ›Wohl kaum hat Hesse ein Erlebnis bis zum Rest erschöpft und gedeutet, so wird ihm gerade dieses Erschöpfen zur Gefahr und wirft ihn in das andere Extrem.‹ Wie diese Deutung durchgeführt wird, das macht die Lektüre dieses eigenwilligen, klu-

gen und lebensnahen Buches zu einem heute seltenen
Genuß.«

Hermann Kasack

st 386 Hermann Hesses weltweite Wirkung.
Internationale Rezeptionsgeschichte
Herausgegeben von Martin Pfeifer
364 Seiten
Zum ersten Mal wird hier die Wirkung des Werkes die-
ses Autors in ihrem weltweiten Ausmaß untersucht und
dargestellt. Es werden Entwicklungen und gegenwärtiger
Stand der Hesserezeption unter ihrem verlegerischen und
publizistischen Aspekt, die Qualität der Übersetzungen
und die wissenschaftliche Auseinandersetzung mit Hesses
Werk gezeigt und Antwort zu geben versucht auf die
Frage nach den Leserschichten und deren Zusammenset-
zung, nach der Art des Literaturkonsums und nach den
Auswirkungen der Hesselektüre.

st 395 Hans Magnus Enzensberger, Der kurze Sommer
der Anarchie
Buenaventura Durrutis Leben und Tod. Roman
Mit Abbildungen
336 Seiten
Die zwölf Kapitel des Romans handeln vom Leben und
vom Sterben des spanischen Metallarbeiters Durruti, der
nach einer militanten und abenteuerlichen Jugend zur
Schlüsselfigur der spanischen Revolution 1936 geworden
ist. Die Darstellung beruht auf zeitgenössischen Broschü-
ren, Flugblättern und Reportagen, auf Reden und Memoiren und auf Interviews mit Augenzeugen, die Durruti
gekannt haben.

st 413 Hermann Hesse, Innen und Außen.
Gesammelte Erzählungen. Band 4 1919–1955
Zusammengestellt von Volker Michels
432 Seiten
Der vierte und letzte Band der Erzählungen Hesses setzt
ein nach dem ersten Weltkrieg und enthält alle seitdem
parallel zu den großen erzählerischen Werken, »Siddhartha«, »Der Steppenwolf«, »Narziß und Goldmund«,
»Die Morgenlandfahrt« und »Das Glasperlenspiel« ent-
standenen kürzeren Erzählungen.

Alphabetisches Gesamtverzeichnis der suhrkamp taschenbücher

Achternbusch, Alexander-
schlacht 61
– Happy oder Der Tag wird
kommen 262
Adorno, Erziehung zur
Mündigkeit 11
– Studien zum autoritären
Charakter 107
– Versuch, das ›Endspiel‹ zu
verstehen 72
– Zur Dialektik des Engage-
ments 134
– Versuch über Wagner 177
Aitmatow, Der weiße Dampfer 51
Alfvén, M 70 – Die Menschheit
der siebziger Jahre 34
– Atome, Mensch und
Universum 139
Allerleirauh 19
Alsheimer, Vietnamesische
Lehrjahre 73
Ardenne, Ein glückliches Leben
für Technik und Forschung
310
Arendt, Die verborgene Tradi-
tion 303
Artmann, Grünverschlossene
Botschaft 82
– How much, schatzi? 136
– The Best of H. C. Artmann 275
– Unter der Bedeckung eines
Hutes 337
Baeyer, Angst 118
Bahlow, Deutsches Namen-
lexikon 65
Ball, Hermann Hesse 385
Barnet (Hrsg.), Der Cimarrón 346
Basis 5, Jahrbuch für deutsche
Gegenwartsliteratur 276
Basis 6, Jahrbuch für deutsche
Gegenwartsliteratur 340
Beaucamp, Das Dilemma der
Avantgarde 329
Becker, Jürgen, Eine Zeit ohne
Wörter 20

Becker, Jurek, Irreführung der
Behörden 271
Beckett, Warten auf Godot
(dreisprachig) 1
– Watt 46
– Endspiel (dreisprachig) 171
– Das letzte Band (dreisprachig)
200
– Molloy 229
– Glückliche Tage. Dreisprachig
248
Das Werk von Samuel Beckett.
Berliner Colloquium 225
Materialien zu Becketts »Godot«
104
Materialien zu Becketts Roma-
nen 315
Benjamin, Über Haschisch 21
– Ursprung des deutschen
Trauerspiels 69
– Der Stratege im Literatur-
kampf 176
Zur Aktualität Walter Benjamins
150
Bernhard, Das Kalkwerk 128
– Frost 47
– Gehen 5
– Der Kulterer 306
– Salzburger Stücke 257
Bierce, Das Spukhaus 365
Bingel, Lied für Zement 287
Bioy Casares, Fluchtplan 378
Blackwood, Das leere Haus 30
Bloch, Naturrecht und mensch-
liche Würde 49
– Subjekt–Objekt 12
– Vorlesungen zur Philosophie
der Renaissance 75
– Atheismus im Christentum 144
Bond, Die See 160
– Bingo 283
Braun, Stücke 1 198
Brecht, Geschichten vom Herrn
Keuner 16
– Schriften zur Gesellschaft 199

- Frühe Stücke 201
- Gedichte 251
Brecht in Augsburg 297
Bertolt Brechts Dreigroschen-
    buch 87
Broch, Barbara 151
- Die Schuldlosen 209
- Schriften zur Literatur 1 246
- Schriften zur Literatur 2 247
- Der Tod des Vergil 296
- Die Verzauberung 350
- Philosophische Schriften 1 u. 2
    2 Bde. 375
Materialien zu »Der Tod des
    Vergil« 317
Broszat, 200 Jahre deutsche
    Polenpolitik 74
Brude-Firnau (Hrsg.), Aus den
    Tagebüchern Th. Herzls 374
Buono, Zur Prosa Brechts.
    Aufsätze 88
Butor, Paris–Rom oder Die
    Modifikation 89
Carpentier, Explosion in der
    Kathedrale 370
Celan, Mohn und Gedächtnis
    231
- Von Schwelle zu Schwelle 301
Chomsky, Indochina und die
    amerikanische Krise 32
- Kambodscha Laos Nord-
    vietnam 103
- Über Erkenntnis und Freiheit
    91
Condrau, Angst und Schuld als
    Grundprobleme in der Psycho-
    therapie 305
Conrady, Literatur und
    Germanistik als Heraus-
    forderung 214
Cortázar, Das Feuer aller Feuer
    298
Dedecius, Überall ist Polen 195
Der andere Hölderlin. Materia-
    lien zum »Hölderlin«-Stück
    von Peter Weiss 42
Der Friede und die Unruhe-
    stifter 145
Doctorow, Das Buch Daniel 366

Döblin, Materialien zu »Alexan-
    derplatz« 268
Dolto, Der Fall Dominique 140
Döring, Perspektiven einer
    Architektur 109
Duddington, Baupläne der
    Pflanzen 45
Duke, Akupunktur 180
Duras, Hiroshima mon amour
    112
Durzak, Gespräche über den
    Roman 318
Ehrenburg, Das bewegte Leben
    des Lasik Roitschwantz 307
Eich, Fünfzehn Hörspiele 120
Eliot, Die Dramen 191
Zur Aktualität T. S. Eliots 222
Enzensberger, Gedichte 1955–
    1970 4
- Der kurze Sommer der
    Anarchie 395
Eschenburg, Über Autorität 178
Ewald, Innere Medizin in Stich-
    worten I 97
- Innere Medizin in Stich-
    worten II 98
Ewen, Bertolt Brecht 141
Fallada/Dorst, Kleiner Mann –
    was nun? 127
Feuchtwanger (Hrsg.), Deutsch-
    land – Wandel u. Bestand 335
Fischer, Von Grillparzer zu
    Kafka 284
Fleißer, Eine Zierde für den
    Verein 294
Fletcher, Die Kunst des Samuel
    Beckett 272
Franke, Ypsilon minus 358
Freisprüche. Revolutionäre vor
    Gericht 111
Fries, Der Weg nach
    Oobliadooh 265
Frijling-Schreuder, Wer sind
    das – Kinder? 119
Frisch, Dienstbüchlein 205
- Stiller 105
- Stücke 1 70
- Stücke 2 81
- Wilhelm Tell für die Schule 2

– Mein Name sei Gantenbein 286
– Andorra 277
– Homo Faber 354
Frischmuth, Amoralische Kinderklapper 224
Fromm/Suzuki/de Martino, Zen-Buddhismus und Psychoanalyse 37
Fuchs, Todesbilder in der modernen Gesellschaft 102
Fuentes, Nichts als das Leben 343
Fühmann, Erfahrungen und Widersprüche 338
García Lorca, Über Dichtung und Theater 196
Gibson, Lorcas Tod 197
Gilbert, Das Rätsel Ulysses 367
Glozer, Kunstkritiken 193
Goldstein, A. Freud, Solnit, Jenseits des Kindeswohls 212
Goma, Ostinato 138
Gorkij, Unzeitgemäße Gedanken über Kultur und Revolution 210
Grossmann, Ossietzky. Ein deutscher Patriot 83
Habermas, Theorie und Praxis 9
– Kultur und Kritik 125
Habermas/Henrich, Zwei Reden 202
Hammel, Unsere Zukunft – die Stadt 59
Han Suyin, Die Morgenflut 234
Handke, Chronik der laufenden Ereignisse 3
– Der kurze Brief 172
– Die Angst des Tormanns beim Elfmeter 27
– Ich bin ein Bewohner des Elfenbeinturms 56
– Stücke 1 43
– Stücke 2 101
– Wunschloses Unglück 146
– Die Unvernünftigen sterben aus 168
– Als das Wünschen noch geholfen hat 208
– Falsche Bewegung 258

Heilbroner, Die Zukunft der Menschheit 280
Heller, Thomas Mann 243
– Nirgends wird Welt sein als innen 288
Hellman, Eine unfertige Frau 292
Henle, Der neue Nahe Osten 24
Hentig, Magier oder Magister? 207
– Die Sache und die Demokratie 245
Hermlin, Lektüre 1960–1971 215
Herzl, Aus den Tagebüchern 374
Hesse, Glasperlenspiel 79
– Klein und Wagner 116
– Die Kunst des Müßiggangs 100
– Lektüre für Minuten 7
– Unterm Rad 52
– Peter Camenzind 161
– Der Steppenwolf 175
– Siddhartha 182
– Demian 206
– Ausgewählte Briefe 211
– Die Nürnberger Reise 227
– Lektüre für Minuten. Neue Folge 240
– Eine Literaturgeschichte in Rezensionen 252
– Die Märchen 291
– Narziß und Goldmund 274
– Kleine Freuden 360
– Aus Kinderzeiten. Erzählungen Bd. 1 347
– Die Verlobung. Erzählungen Bd. 2 368
– Briefe an Freunde 380
– Die Gedichte. 2 Bde. 381
– Kurgast 383
– Der Europäer. Erzählungen Bd. 3 384
– Innen und Außen. Erzählungen Bd. 4 413
– Eine Werkgeschichte von Siegfried Unseld 143
Materialien zu Hesses »Glasperlenspiel« 1 80
Materialien zu Hesses »Glasperlenspiel« 2 108

Materialien zu Hesses »Steppen-
wolf« 53
Materialien zu Hesses
»Siddhartha« 1 129
Materialien zu Hesses
»Siddhartha« 2 282
Über Hermann Hesse 1 331
Über Hermann Hesse 2 332
Hermann Hesses weltweite
Wirkung 386
Hildesheimer, Paradies der
falschen Vögel 295
– Stücke 362
– Hörspiele 363
Hobsbawm, Die Banditen 66
Hofmann (Hrsg.), Schwanger-
schaftsunterbrechung 238
Höllerer, Die Elephantenuhr 266
Hortleder, Fußball 170
Horváth, Der ewige Spießer 131
– Ein Kind unserer Zeit 99
– Jugend ohne Gott 17
– Leben und Werk in Doku-
menten und Bildern 67
– Sladek 163
– Die stille Revolution 254
Hudelot, Der Lange Marsch 54
Jakir, Kindheit in Gefangen-
schaft 152
Johnson, Mutmassungen über
Jakob 147
– Das dritte Buch über
Achim 169
– Eine Reise nach Klagenfurt
235
– Berliner Sachen 249
– Zwei Ansichten 326
Jonke, Im Inland und im
Ausland auch 156
Joyce, Ausgewählte Briefe 253
Joyce, Stanislaus, Meines
Bruders Hüter 273
Kappacher, Morgen 339
Kästner, Offener Brief an die
Königin von Griechenland.
Beschreibungen, Bewunde-
rungen 106
– Der Hund in der Sonne 270
Kardiner/Preble, Wegbereiter

der modernen Anthropologie
165
Kasack, Fälschungen 264
Kaschnitz, Steht noch dahin 57
Katharina II. in ihren Memoiren
25
Kluge, Lebensläufe. Anwesen-
heitsliste für eine Beerdigung
186
Koch, Anton, Symbiose – Part-
nerschaft fürs Leben 304
Koch, Werner, See-Leben I 132
Koeppen, Das Treibhaus 78
– Nach Rußland und anderswo-
hin 115
– Romanisches Café 71
– Der Tod in Rom 241
Koestler, Der Yogi und der
Kommissar 158
– Die Wurzeln des Zufalls 181
Kolleritsch, Die grüne Seite 323
Kracauer, Die Angestellten 13
– Kino 126
– Das Ornament der Masse 371
Kraus, Magie der Sprache 204
Kroetz, Stücke 259
Krolow, Ein Gedicht entsteht 95
Kücker, Architektur zwischen
Kunst und Konsum 309
Kühn, N 93
– Siam-Siam 187
Kundera, Das Leben ist
anderswo 377
Lagercrantz, China-Report 8
Lander, Ein Sommer in der
Woche der Itke K. 155
Laxness, Islandglocke 228
le Fort, Die Tochter Jephthas
und andere Erzählungen 351
Lem, Solaris 226
– Die Jagd 302
– Transfer 324
– Nacht und Schimmel 356
Lenz, Hermann, Die Augen
eines Dieners 348
Lepenies, Melancholie und Ge-
sellschaft 63
Lévi-Strauss, Rasse und Ge-
schichte 62

– Strukturale Anthropologie 15

Lidz, Das menschliche Leben 162

Lovecraft, Cthulhu 29

– Berge des Wahnsinns 220

– Das Ding auf der Schwelle 357

Mächler, Das Leben Robert Walsers 321

Malson, Die wilden Kinder 55

Martinson, Die Nesseln blühen 279

– Der Weg hinaus 281

Mayer, Georg Büchner und seine Zeit 58

McHale, Der ökologische Kontext 90

Melchinger, Geschichte des politischen Theaters 153, 154

Meyer, Eine entfernte Ähnlichkeit 242

Miłosz, Verführtes Denken 278

Minder, Dichter in der Gesellschaft 33

Mitscherlich, Massenpsychologie ohne Ressentiment 76

– Thesen zur Stadt der Zukunft 10

– Toleranz – Überprüfung eines Begriffs 213

Mitscherlich (Hrsg.), Bis hierher und nicht weiter 239

Moser, Lehrjahre auf der Couch 352

Muschg, Liebesgeschichten 164

– Albissers Grund 334

– Im Sommer des Hasen 263

Myrdal, Politisches Manifest 40

Nachtigall, Völkerkunde 184

Nizon, Canto 319

Norén, Die Bienenväter 117

Nossack, Spirale 50

– Der jüngere Bruder 133

– Die gestohlene Melodie 219

– Um es kurz zu machen 255

– Das kennt man 336

Nossal, Antikörper und Immunität 44

Olvedi, LSD-Report 38

Penzoldts schönste Erzählungen 216

– Die Kunst das Leben zu lieben 267

– Die Powenzbande 372

Plenzdorf, Die Legende von Paul & Paula 173

– Die neuen Leiden des jungen W. 300

Plessner, Diesseits der Utopie 148

– Die Frage nach der Conditio humana 361

Portmann, Biologie und Geist 124

Prangel (Hrsg.), Materialien zu Döblins »Alexanderplatz« 268

Psychoanalyse und Justiz 167

Puig, Verraten von Rita Hayworth 344

Raddatz, Traditionen und Tendenzen 269

Rathscheck, Konfliktstoff Arzneimittel 189

Regler, Das Ohr des Malchus 293

Reik, Der eigene und der fremde Gott 221

Reiwald, Die Gesellschaft und ihre Verbrecher 130

Riedel, Die Kontrolle des Luftverkehrs 203

Riesman, Wohlstand wofür? 113

– Wohlstand für wen? 114

Rilke, Material. zu »Malte« 174

– Materialien zu »Cornet« 190

– Rilke heute 290

– Rilke heute 2 355

Rochefort, Das Ruhekissen 379

Rosei, Landstriche 232

– Wege 311

Roth, die autobiographie des albert einstein. Künstel. Der Wille zur Krankheit 230

– Der große Horizont 327

Rottensteiner (Hrsg.). Blick vom anderen Ufer 359

Rühle, Theater in unserer Zeit 325

Russell, Autobiographie I 22
– Autobiographie II 84
– Autobiographie III 192
Salis, Rilkes Schweizer Jahre 289
Sames, Die Zukunft der Metalle 157
Sarraute, Zeitalter des Miß-
  trauens 223
Schickel, Große Mauer, Große
  Methode 314
Schultz (Hrsg.), Wer ist das
  eigentlich – Gott? 135
– Der Friede und die Unruhe-
  stifter 145
– Politik ohne Gewalt? 330
Shaw, Die Aussichten des
  Christentums 18
– Der Sozialismus und die
  Natur des Menschen 121
– Der Aufstand gegen die Ehe
  328
Simpson, Biologie und Mensch 36
Sperr, Bayrische Trilogie 28
Steiner, In Blaubarts Burg 77
– Sprache und Schweigen 123
Sternberger, Panorama oder
  Ansichten vom 19. Jahr-
  hundert 179
– Gerechtigkeit für das 19. Jahr-
  hundert 244
– Heinrich Heine und die Ab-
  schaffung der Sünde 308
Stierlin, Adolf Hitler 236
– Das Tun des Einen ist das
  Tun des Anderen 313
Strausfeld (Hrsg.), Materialien
  zur lateinamerikanischen Lite-
  ratur 341
Stuckenschmidt, Schöpfer der
  neuen Musik 183
– Maurice Ravel 353
Swoboda, Die Qualität des
  Lebens 188
Szabó, I. Moses 22 142
Terkel, Der Große Krach 23
Unseld, Hermann Hesse. Eine
  Werkgeschichte 143
– Begegnungen mit Hermann
  Hesse 218

Unseld (Hrsg.), Wie, warum und
  zu welchem Ende wurde ich
  Literaturhistoriker? 60
– Bertolt Brechts Dreigroschen-
  buch 87
– Zur Aktualität Walter
  Benjamins 150
– Mein erstes Lese-Erlebnis 250
– Peter Suhrkamp 260
Unterbrochene Schulstunde.
  Schriftsteller und Schule 48
Vargas Llosa, Das grüne Haus
  342
Waggerl, Brot 299
Waley, Lebensweisheit im Alten
  China 217
Walser, Das Einhorn 159
– Der Sturz 322
– Gesammelte Stücke 6
– Halbzeit 94
Walser, Robert, Der »Räuber«-
  Roman 320
Weber-Kellermann, Die
  deutsche Familie 185
Über Kurt Weill 237
Weill, Ausgewählte Schriften 285
Weiss, Das Duell 41
– Rekonvaleszenz 31
Materialien zu Weiss'
  »Hölderlin« 42
Weissberg-Cybulski, Hexen-
  sabbat 369
Wendt, Moderne Dramaturgie
  149
Wer ist das eigentlich – Gott?
  135
Werner, Wortelemente lat.-
  griech. Fachausdrücke in den
  biolog. Wissenschaften 64
Werner, Vom Waisenhaus ins
  Zuchthaus 35
Wiese, Das Gedicht 376
Wilson, Auf dem Weg zum
  Finnischen Bahnhof 194
Wittgenstein, Philosophische
  Untersuchungen 14
Wolf, Punkt ist Punkt 122
Zivilmacht Europa – Supermacht
  oder Partner? 137